마호메트가 들려주는

평화 이야기

마호메트가 들려주는

평화 이야기

ⓒ 오채환, 2007

초판 1쇄 발행일 2007년 6월 20일
초판 10쇄 발행일 2021년 11월 2일

지은이   오채환
그림   박상아
펴낸이   정은영

펴낸곳   (주)자음과모음
출판등록 2001년 11월 28일 제2001-000259호
주소   10881 경기도 파주시 회동길 325-20
전화   편집부 (02)324-2347, 총무부 (02)325-6047
팩스   편집부 (02)324-2348, 총무부 (02)2648-1311
e-mail   jamoteen@jamobook.com

ISBN 978-89-544-1972-7 (64100)

마호메트가 들려주는

평화 이야기

오채환 지음

㈜자음과모음

"여러분은 '그 사람'에 대해 알아야만 합니다."

누군가 이런 말을 했을 때, 이 말에 가장 많은 사람들의 공감을 얻어 마땅한 '그 사람'은 바로 마호메트입니다. 마호메트가 오늘날 세계 인구의 1/4(남북한 총인구의 20배)에 가까운 사람들이 믿는 종교를 창시했다는 사실만으로도 우리가 그를 알아야 할 이유는 충분합니다. 마호메트는 목적의 위대함, 수단의 간소함, 결과의 놀라움 이 세 가지 모두를 최고로 달성한 매우 드문 인간입니다. 그런데도 사람들이 그에 대해 무지하거나 잘못 알고 있다는 사실에는 심각한 반성이 요구됩니다.

마호메트에 의해 인류 삼대 종교 중 하나로 자리매김된 이슬람교는 평화를 가장 우선시하는 종교임에도 불구하고 폭력과 전쟁을 일삼는 종교로 여겨지고 있는가 하면, 실은 매우 따뜻한 형제애를 바탕으로 하는 이슬람 특정 문화와 제도가 오히려 야만적인 행태로 오해받고 있는 것은 심히 유감스러운 일이 아닐 수 없습니다. 이에 이슬람교에 대한 올바른 이해를 위해서 마호메트의 기본 행적은 물론, 그의 주요 사상을 살펴볼 필요가 있습니다. 아울러 이슬람 문화와 역사 그리고 이슬람교의 교리까지 살펴본다면 이슬람교에 관한 오해와 편견을 바로잡을 수 있을 것입니다. 이 조그만 책에 간추려 담은 수고와 정성이 마호메트의 평화 사상과 이슬람교의 형제애에 대한 학생들의 바른 이해에 조금이나마 도움이 된다면 제게는 더없는 기쁨이 될 것입니다.

2007년 6월
오채환

C O N T E N T S

프롤로그

　며칠 전, 연주와 정이가 놀러 왔을 때 나는 앨범을 꺼내 보여 주었다. 한참을 재미있게 앨범을 보던 친구들이 갑자기 사진 한 장을 가리키더니 '어!' 하고 소리쳤다.

　테두리가 낡고 빛이 바래 꽤 오래된 것 같은 사진 속에서 젊은 시절의 아빠가 외국인들과 나란히 어깨동무를 하고 있었다.

　"숙아, 너희 아빠 외국에서 살다 오셨니?"

　나는 갑작스런 물음에 머리만 긁적였다. 처음 듣는 질문이었기 때문이다.

　"글쎄…… 여기가 어디지?"

　그때 마침 엄마가 사과가 담긴 접시를 들고 들어오셨다. 나는 엄마에게 사진을 보여 드리면서 여쭈어 보았다.

　"엄마, 이 사진 좀 보세요. 여기가 어디예요?"

　"이 사진이 왜 네 앨범에 있니?"

엄마는 도리어 내게 물으셨다. 나는 어깨를 으쓱해 보였다.

"엄마가 전에 말했잖니. 아빠 젊으셨을 때 사우디에 가서 돈 벌어 오셨다고."

나는 전혀 기억이 나지 않아 아리송한 표정만 짓고 있었다.

"우아! 너희 아빠 외국에 나가서 일하셨구나. 정말 멋지다."

정이가 부러운 듯 말했다. 연주도 맞장구를 쳤다. 하지만 나는 아빠가 미국이나 독일, 프랑스 같은 근사한 나라가 아니라 왜 낯설기만 한 사우디아라비아에서 일을 하셨는지 이해가 되지 않았다.

"1980년대에는 사우디 같은 중동 국가들로 우리나라 사람들이 많이 나가서 일했단다."

엄마가 숙이의 어깨를 다독이며 설명하셨다.

"그럼 아저씨도 그 나라에선 외국인 노동자였던 거예요? 요즘 우리 동네에도 외국인 노동자들 엄청나게 많거든요."

연주가 아는 체하며 나섰다. 동네에서 조금 떨어진 '국경 없는 마을'에 가면 이곳이 한국인지 외국인지 헷갈릴 정도로 외국인 노동자가 많은 건 사실이었다. 그렇지만 그런 외국 사람들을 볼 때마다 왠지 낯선 느낌에 경계심만 들었던 나로서는 아빠를 '외국인 노동자'라고 표현한 게 기분 나쁘게 느껴졌다.

"야! 우리 아빠는 지금 사장님이야. 그리고 요즘은 '노동자'라고 하지 않고 '근로자'라고 한다는 거 몰라?"

동문서답 같은 말을 뱉어 놓고, 내가 더 무안해졌다.

　친구들이 집으로 돌아가자마자 나는 쪼르르 엄마에게 달려가 여쭈어 보았다.

　"엄마, 아빠가 정말 외국에 나가서 남의 나라 일을 해 주고 돈을 벌었어요?"

　"그럼, 많이 고생하셨지. 그때 열심히 땀 흘리신 대가로 지금 이렇게 훌륭하게 되신 거야. 숙이 너도 아빠께 감사해야 돼. 알았지?"

　엄마는 매우 자랑스러운 얼굴로 숙이에게 말했다.

　"네."

　대답은 그렇게 했지만 나는 새롭게 알게 된 아빠의 과거가 왠지 자꾸만 창피하게 느껴졌다. 연주랑 정이가 학교에 가서 소문 내지 않기만을 바랄 뿐이었다.

　'아이 참, 사우디가 뭐람, 사우디가!'

새로 온 일꾼들

 좋은 사람이건 나쁜 사람이건 상관하지 않고 이웃을 사랑하는
사람이야말로 가장 완전한 사람이다.

−마호메트

1 아빠의 과거

숙이는 간밤에 일부러 아빠 곁에서 잤다. 그리고 아빠와 함께 느지막히 일어나 운동도 하고 텔레비전도 보며 좋은 한때를 보내고 있었다.

"너는 아빠 좀 쉬게 해 드리지, 하루 종일 아빠 옆에 찰싹 붙어 있을 모양이구나."

엄마가 숙이를 흘겨보며 말했다.

"내버려 둬. 하루만이라도 이렇게 놀아 줘야지, 하하!"

아빠가 이렇게 말하자 동생 도훈이까지 아빠한테 달라붙어 떨어질 줄을 몰랐다. 시계를 보니 그새 12시가 다 되어 가고 있었다. 숙이네 가족은 점심으로 피자를 시켜 먹었다. 모두들 피자를 맛있게 먹고, 마지막 한 조각이 남자 쟁탈전이 벌어졌다.

"누나, 이건 내 거야!"

도훈이가 한 손에 피자를 들고 다른 한 손으로 마지막 피자를 찜했다.

"다 먹어라, 이 꿀돼지야!"

숙이는 화장지에 손을 닦으며 일어섰다. 아빠와 함께 집에 있으니 숙이는 먹지 않아도 배가 불렀다.

"아빠, 오늘은 아무 데도 안 나가요?"

신문을 보는 아빠 곁으로 숙이가 성큼 다가갔다.

"왜?"

"좋아서요, 이게 몇 년 만인지……."

숙이가 아빠의 팔짱을 끼며 다정하게 파고들었다. 아빠도 숙이를 포근히 안아 주었다.

"하하, 녀석. 몇 년 만은 아니지만 아빠가 그동안 참 바쁘긴 했지. 오늘 실컷 아빠 얼굴 구경해 둬."

"네, 헤헤헤!"

어느새 도훈이도 아빠 곁으로 와 앉으며 웃었다. 숙이가 도훈이의 어깨를 툭 밀쳐 냈다.

"아빠, 그런데 예전에 사우디에서 일할 때 힘들지 않았어요?"

숙이가 아빠 어깨를 통통 두드리며 물었다.

"힘들었지, 낮이건 밤이건 휴일이건 할 것 없이 열심히 일만 했으니까…… 우리 숙이가 아빠 걱정도 해 주고, 다 컸네."

안마하는 숙이 손을 잡아끌며 아빠가 말했다.

"우리 동네에도 외국인이 많잖아요. 사람들이 외국인을 볼 때마다 이상한 눈초리로 쳐다보는 것 같아서요. 사우디 사람들이 아빠한테 나쁘게 굴지는 않았어요?"

숙이는 아빠가 예전에 사우디아라비아에 다녀온 일이 창피하다는 말은 차마 할 수 없었다.

"그런 건 없었단다. 사우디 사람들은 우리나라 노동자들을 아주 성실하고 부지런한, 그리고 고마운 일꾼으로 생각했지."

"정말요? 아빠는 거기서 무슨 일을 하셨는데요?"

숙이의 머릿속에 사우디아라비아에서 열심히 일하고 계시는 멋진 아빠의 모습이 그려졌고, 그러다 보니 자연스럽게 창피하단 생각도 조금씩 달아났다.

"고속도로 공사 현장에서 일했지. 막노동도 많이 했단다. 젊었으니 할 수 있었지."

아빠가 지그시 눈을 감은 채 지난날을 회상하셨다.

"맞아, 너희 아빠가 얼마나 멋있었다고. 네 아빠가 엄마 좋다고 막 따라다닐 때, 몸매가 얼마나 탄탄하고 멋지던지…… 겉으로는 안 그런 척했지만 엄마도 아빠한테 한눈에 반했지 뭐니?"

엄마도 옛일이 눈에 선한 듯 미소 지으며 말했다.

"우리나라 사람들은 외국인 근로자들한테 막 대하고 나쁜 짓도 많이 하잖아요. 그래서 저는 외국에 나가서 일하면 무조건 힘들고 서러운 줄로만 알았어요. 그런데 아빠는 안 그러셨다니 정말 다행이에요."

마음이 한결 가벼워진 듯 숙이는 아빠 손을 잡고 씨익 웃어 보였다.

"가만있어 보자."

아빠는 장롱 깊숙한 곳에서 종이 상자 하나를 꺼내 오셨다. 오래돼서 여기저기 얼룩이 지고 빛바랜 상자였다. 상자 안은 사진이 들어 있는 두툼한 봉투와 편지들로 가득 차 있었다.

"이게 다 뭐예요?"

"옛날 사진이다! 맞죠?"

숙이가 아빠에게서 상자를 빼앗아 사진들을 한꺼번에 방바닥에 쏟아 부었다. 요즘 사진보다 대체로 크기가 작은 그 사진들은 모두 아빠가 사우디아라비아에서 일할 적 모습이 담긴 사진이었다. 젊고 건장한 청년이 땀 흘리며 일하는 사진들이 대부분이었고 외국인들과 밥 먹는 모습, 일하는 중간에 음료를 마시는 듯한 사진도 종종 눈에 띄었다.

"아빠, 이런 걸 왜 꼭꼭 숨겨 뒀어요? 진작 좀 보여 주시지. 재밌어요."

숙이가 사진을 들여다보며 말했다.

"사는 게 바쁘다 보니 이런 거 정리할 시간도 없었지."

숙이와 도훈이가 사진을 보고 있는 사이 아빠는 편지 뭉치를 풀어 하나씩 읽고 계셨다. 엄마와 주고받은 연애편지도 꽤 많았고, 삐뚤빼뚤한 영어로 쓴 편지들도 보였다. 영어도 한글도 아닌 이상하게 생긴 문자는 사우디아라비아에서 쓴 문자인 듯 보였다.

"아빠, 사우디에서 그 나라 친구들도 사귀었어요?"

숙이가 궁금해 죽겠다는 듯이 아빠가 읽고 있던 편지를 낚아채며 물었다.

"그럼, 사우디 사람들이 얼마나 친절하게 잘 대해 줬는데……
말이 잘 안 통해서 그렇지, 지금 이 편지들을 주고받았던 사람들
보다 훨씬 더 많은 친구가 있었지. 이제는 모두 연락이 끊겼지만
말이야."

아빠는 편지 봉투에 적힌 이름 모를 친구들의 글씨를 그리움을
담은 손길로 어루만졌다.

"뜻밖이에요. 아빠가 그런 사람들과 친구로 지냈다는 게……
그런데 우리나라 사람들은 왜 여기 와 있는 외국인들을 친구로
대하지 않는 걸까요? 무서워하거나 무시하거나…… 대부분 그
렇잖아요."

숙이가 곰곰이 생각하다가 아빠에게 물었다.

"너도 그러니? 숙이 너도 길 가다가 우연히 외국인과 마주치면
그런 생각이 들어?"

"솔직히 좀 무섭긴 해요. 서로 말이 안 통하니까 더 그런 것 같
아요. 좋은 사람인지 나쁜 사람인지 알 수가 없잖아요."

숙이가 입을 비죽거리며 대답했다.

"누나가 더 무섭네요. 메롱!"

도훈이가 혀를 쏙 내밀어 숙이를 약 올리며 방을 나갔다.

"너 한번 혼나 볼래?"

하지만 정작 숙이는 말로만 도훈이에게 겁을 주었다. 숙이와 세 살 터울인 도훈이는 아직 철이 없는 개구쟁이였다.

"참, 거기 중동 국가들은 거의 다 이슬람교를 믿는다는 게 사실이에요? 선생님이 그러시던데……."

숙이는 문득 선생님이 하셨던 말들이 생각났다.

"글쎄…… 전 세계 인구의 1/4이 이슬람교를 믿는다니까 굉장히 많은 사람들이 이슬람교를 믿고 있는 거지."

"아빠, 아빠! 그런데 이슬람교가 뭐예요?"

"이슬람교는 그리스도교, 불교와 함께 세계 3대 종교 중 하나인데 '알라'라고 부르는 신을 믿는단다. 원래 '이슬람'이라는 말은 '순종하다'라는 어원을 가진 아랍어인데, 종교적으로는 '알라에게 절대 순종한다'는 뜻을 담고 있지. 그리고 마호메트라는 사람이 알라의 계시를 받아 이슬람교가 만들어졌다고 해서 마호메트교라고도 하지. 암튼 '알라 이외의 신은 없다'는 것이 이슬람교의 첫째 신념이야."

"사람들은 이슬람교가 '순종'이 아닌 '평화의 종교'라고 하던

데요?"

"맞아, 어떤 종교가 무엇을 가장 강조하느냐에 따라 기독교 하면 사랑을, 불교 하면 자비를 떠올리듯이, 이슬람교 하면 평화를 추구하는 종교라고 할 수 있지. 그런데 이슬람교에서 추구하는 평화는 기본적으로 알라에게 절대 순종함으로써 얻어진다고 믿는단다."

"아하, 그러니까 이슬람의 평화는 알라의 뜻에 순종하는 것에서 비롯되는군요."

어느새 도훈이가 아빠 곁에 바짝 붙어 앉으며 거들었다.

"학교에서 수업 시간에 이슬람교에 대한 얘기가 나왔는데 남자애들이 '알라, 알라!' 하고 흉내 내면서 막 비웃는 거 있죠."

"그건 옳지 않은 행동이란다. 잘 알지도 못하면서 자신과 다르다는 이유만으로 누가 누굴 비웃고 무시하는 건 잘못된 행동이야. 서로의 문화를 존중하고 각자의 좋은 점을 받아들인다면 세계 곳곳이 평화로워지겠지."

"역시 우리 아빠는 생각이 확 트였다니까. 아빠, 멋져요!"

"정말? 우리 딸이 아빠를 칭찬해 주니 기분 좋은데."

숙이는 아빠의 추억이 담긴 상자를 아빠와 함께 정리했다. 도훈이도 덩달아 거들었다. 모처럼 아빠와 함께 소중한 시간을 보내고 많은 이야기를 나누게 된 숙이는 '이보다 더 행복할 수는 없다'고 생각했다.

2 국경 없는 마을

"야, 우리 이따가 집에 가는 길에 '국경 없는 마을'에 한번 가 보자."

연주가 거울을 보다가 대뜸 말했다.

"거긴 뭐 하러 가?"

정이가 시큰둥하게 대답했다.

"다음 주 학교 축제 때 남자 애들이 입을 옷, 거기 가서 사게. 패 션쇼 할 때 외국인 옷 입고 하면 괜찮을 것 같지 않냐? 거기는 옷도 싸다던데?"

연주는 국경 없는 마을의 사정을 훤히 알고 있는 듯 말했다.

"그럼 남자 애들도 같이 가? 거기 가면 얼굴 까만 외국인 아저씨들도 있는 거지? 난 무서운데……."

정이가 걱정스러운 듯 물었다.

"아니, 우리끼리 가도 괜찮아. 우리 아빠가 외국인도 우리랑 똑같은 사람이라고 하셨어. 좋은 분들이래. 정이 너도 같이 갈 거지?"

"하지만…… 그래, 알았어. 같이 가자."

처음엔 머뭇거리던 정이도 함께 가는 걸로 결론을 내렸다.

수업이 끝난 뒤 숙이, 연주, 정이는 함께 전철을 타고 안산역으로 향했다. 그곳에서 멀지 않은 곳에 국경 없는 마을인 원곡동이 있기 때문이다.

다세대 주택이 빼곡히 들어서 있는 국경 없는 마을에 도착하자 가장 먼저 눈에 들어온 것은 이색적인 간판들이었다. 몽골 라이프, 파라다이스, 타지마할, 왕중왕 관점, 연길랭면 등 다른 곳에서는 찾아보기 힘든 특이한 이름의 간판들이 많이 보였다.

역시 외국인 노동자들이 어우러진 마을다웠다. 연주 말로는 중국, 인도, 방글라데시, 필리핀, 러시아, 나이지리아 등 수많은 나라 사람들이 어울려 사는 곳이라고 했다. 호기심에 가득 찬 눈으로 둘러보던 숙이와 친구들의 이목을 끈 것은 만화 영화 〈알라딘〉에서 본 듯한 건물이었다.

"숙이야, 분위기가 좀 이상해. 우리 빨리 여기서 벗어나자."

정이가 숙이에게 속삭였다.

"그러게 말이야. 저 사람들이 계속 우리를 쳐다보는 것 같아."

연주도 이 낯선 마을이 무서운 듯 나지막이 말했다. 반면 숙이는 호기심에 가득 찬 표정으로 낯선 건물을 향해 가까이 다가가고 있었다.

"우리 한번 들어가 볼까?"

"숙이야, 빨리 가자. 무서워."

숙이는 할 수 없이 친구들을 따라 발걸음을 돌려야 했다. 그때 건물에 걸린 커다란 현수막에 적힌 마호메트라는 이름에 시선이 멈추었다. 친구들의 손에 이끌려 가는 중에도 숙이는 생각했다.

'마호메트? 여기가 바로 이슬람 사원이구나⋯⋯.'

그곳에서 어느 정도 멀리 떠나왔다는 생각이 들자 아이들은 발걸음을 늦추었다. 그리고 그때까지 아무 말도 없던 정이가 갑자기 말문을 열었다.

"휴우…… 아까 거긴 뭐 하는 데야? 외국인들이 너무 많이 사니까 이상한 곳만 생기고…… 무서워. 우리나라에 안 왔으면 좋겠어."

"이슬람 사원 같아. 현수막에 마호메트라고 써 있었어."

"그럼 텔레비전에 나오는 테러 일으키는 무서운 사람들이 거기 산단 말이야?"

"우리 아빠가 그러시는데 외국인들한테 고마워해야 한대. 우리나라 사람들이 힘들고 지저분한 일은 안 하려고 해서 외국인들을 고용하는 거랬어. 안산에 그런 공장들이 많이 모여 있으니까 외국인들은 당연히 그리로 몰려든 거고."

숙이가 조곤조곤 설명했다.

"그런데 외국인 노동자들 중에는 불법 체류자들이 많다면서? 무서워! 불법 체류하는 건 범죄잖아."

연주가 어깨를 움츠리며 투덜거렸다.

"한 푼이라도 더 벌려고 체류 기한을 넘기고 일하는 사람들이 뭐가 무서워? 오히려 불쌍하지. 자기 나라로 돌아갈 수도 없고,

그렇다고 여기서 맘 놓고 일할 수 있는 형편도 못 되잖아."

숙이가 아빠의 말을 빌려 열변을 토했다.

"흠…… 듣고 보니 그럴싸하다. 정말 불쌍한 사람들이네."

연주가 금세 말을 바꾸며 수긍했다. 정이도 말없이 고개만 끄덕였다.

"저기 있다! 옷 가게."

그때 한 아주머니가 가게 앞으로 다가왔다. 얼굴이 검은 편이라 외국인인지 우리나라 사람인지 멀리서는 가늠할 수가 없었다.

"외국 사람이면 어떡하지? '헬로' 하면 되려나?"

정이가 작은 소리로 속삭이는 사이 아주머니가 점점 이쪽으로 다가왔다.

"너희는 누구니? 어디서 왔어? 근데 좀 비켜 줄래? 문 열어야 하거든."

다행히 아주머니는 우리나라 사람이었다.

"옷 사러 왔어요."

연주가 큰 소리로 씩씩하게 대답했다. 아주머니가 가게 문을 여는 동안 셋은 '어떤 옷을, 몇 벌이나 고를까'라며 재잘거렸다. 아주머니를 따라 들어간 가게 안은 아담했지만 꽤 다양한 종류의

옷들이 산더미처럼 쌓여 있었다.

"축제 때 입을 옷이라고?"

아주머니는 우리가 했던 이야기를 들으셨는지 친절하게 물어봐 주셨다.

"네! 세계 여러 나라 의상을 입고 패션쇼를 할 거예요. 저희가 입을 거니까 작은 사이즈로요. 저희 또래가 입을 만한 옷들도 있어요?"

가게 안을 둘러보니 각국의 전통 의상을 비롯해서 멋지고 특이한 외국 의상들이 많이 눈에 띄었다.

"근사해요! 친구들이 너무 좋아할 거예요. 정말 근사한 패션쇼가 될 것 같아요."

연주가 감탄을 연발하며 기뻐했다.

"이 아저씨는 이상한 모자를 썼어."

사진을 보면서 정이가 말했다.

"응, 이 모자는 '터번'이라고 하는 거야. 주로 이슬람교를 믿는 남자들이 머리에 두르는 건데, 이건 모자가 아니라 실제로는 아주 긴 천이란다. 천을 머리에 감아서 이런 모양을 만들어 내는 거지. 자, 이것도 한번 볼래? 이건 이슬람교를 믿는 여성들이 입는 전통 옷인데 '차도르'라고 해. 이 옷은 가족 이외의 사람들로부터 신체와 장신구들을 가리기 위해 온몸을 덮도록 돼 있단다."

"차도르! 알아요. 우리 아빠 회사에서 그거 만들어서 수출하거든요."

"맞아, 지난번에 숙이네 가서 나도 봤어. 근데 이슬람 여성들은 왜 온몸이 다 가려지는 옷을 입어요?"

정이가 눈을 동그랗게 뜨고 물었다.

"응, 이슬람교의 전통 때문인데 여성의 몸을 굉장히 신성시하기 때문에 얼굴만 내놓고 다른 신체는 다 가리게 되어 있어. 더구나 가족 이외의 남자와는 만나는 것 자체가 금지되어 있다고 하더구나."

"굉장히 답답할 것 같아요."

"그렇지? 그렇지만 그 사람들은 태어날 때부터 이런 옷을 입고 다니기 때문에 아마 그렇게까지 생각지는 않을 거야. 그게 바로 문화 차이라는 거지."

아이들은 여러 가지 옷들을 입어 보다가 둘러보기를 계속했다.

"축제 때 입을 옷들은 다 골랐니?"

"네! 근데 우리 너무 많이 고른 거 아냐?"

"저…… 아주머니, 근데 이거 많이 비싸죠?"

연주가 아주머니에게 우리가 모은 돈을 보여 드리면서 여쭤자 아주머니는 우리를 보고 가만히 미소만 지으셨다. 우리들도 서로의 얼굴만 물끄러미 바라봤다.

"역시 많이 모자라죠?"

숙이가 모기만 한 목소리로 말했다.

"이 옷들은 평소에 입을 게 아닌데 굳이 살 필요가 뭐 있니? 그럼, 이렇게 하자. 대여료를 조금 내고 가져가서 입은 다음 반납하는 거야. 더러워진 옷은 세탁해서 오는 조건으로. 어때?"

아주머니가 말했다.

"정말요? 그래도 돼요?"

연주가 호들갑을 떨었다.

"그럼, 어차피 헌 옷들이잖아. 크게 손상시키지만 않는다면 빌려 줄 수도 있지. 대신 옷이 찢어지거나 하면 곤란하다. 조심해서 입고 가져와야 해."

아주머니가 아이들을 바라보며 따뜻하게 웃으셨다.

"우아! 고맙습니다."

"아줌마, 이 은혜 평생 잊지 않을게요."

"맞아요. 아줌마, 땡큐!"

아이들은 신이 나서 옷들을 가방 안으로 집어넣었다.

"그렇게 좋니? 너희들이 착하고 예뻐서 특별히 봐주는 거야. 이 옷들을 여기다 내놓은, 너희처럼 어리고 예쁜 외국인 친구들을 조금씩만 생각해 주렴. 우리나라에서 외롭고 힘들게 지내는 어린 친구들이 많이 있거든."

아주머니는 어딘가 조금 슬픈 눈을 한 채 말했다.

"네, 그럴게요."

"아주머니, 안녕히 계세요."

아이들은 가방을 나눠 들고 낑낑거리며 재활용 옷 가게를 나섰다. 아주머니가 흐뭇한 웃음을 지으며 가게 밖까지 나와 손을 흔들어 주셨다.

3 막불 아저씨와의 만남

축제가 끝나고 숙이는 연주, 정이와 함께 다시 아주머니의 옷
가게로 갔다. 패션쇼 때 입은 옷들을 돌려주기 위해서였다. 그런
데 가게 안에는 아주머니는 안 계시고 눈이 큰 여자 아이만 혼자
앉아 있었다.

"주인아줌마 어디 가셨니?"

연주의 물음에 아이는 대답은 않고 큰 눈만 끔벅거렸다. 한국아
이 같기도 하고 외국 아이 같기도 했다.

"얘 우리말 못하는 거 아니야?"

연주가 어깨를 으쓱하며 가게를 한번 휙 둘러보았다. 숙이와 정이는 아주머니가 오실 때까지 의자에 앉은 채 얌전히 기다렸다.

"어머! 너희들 왔구나."

아주머니가 반갑게 맞아 주셨다.

"안녕하세요, 옷 가져왔어요."

"고마웠습니다."

"잘 입었습니다."

아이들이 아주머니에게 고개를 숙이며 인사했다.

"깨끗하게 입고 가져왔구나. 나도 고맙구나."

아주머니는 옷을 대충 훑어보더니 냉장고에서 요구르트를 꺼내 하나씩 나눠 주셨다.

"그런데 얘는 누구예요?"

"응, 우리 딸이야. 예쁘지?"

아주머니가 여자 아이를 꼭 안으면서 말씀하셨다.

"너무 귀여워요. 눈이 어쩜 이렇게 커요?"

정이가 아이의 볼을 살짝 쓰다듬었다.

"얘 아빠가 인도 사람이야. 아줌마는 국제결혼을 했단다. 아이 아빠가 눈이 아주 커다랗지."

"아, 그렇구나. 어쩐지……."

"정말 예뻐요. 눈썹이 어쩜 이렇게 진해요?"

"유치원도 안 다니고 여기서 엄마하고만 있으니까, 낯선 사람들과 어울리는 법을 잘 몰라. 그러니 친구도 별로 없고……."

"유치원 보내면 되잖아요."

연주가 아이를 바라보며 자못 심각하게 말했다.

"얼마 전까지 다녔었는데 적응을 잘 못하더라고. 거기도 혼혈아들이 별로 없었으니까…… 그래서 놀림을 많이 받았지. 곧 다른 데를 보내려고 알아보는 중이야."

아주머니는 근심 어린 얼굴로 숙이와 연주, 정이를 번갈아 보며 말했다.

"저렇게 예쁜 아이를 놀리다니…… 말도 안 돼요!"

숙이가 누군가에게 화를 내듯 흥분해서 말했다.

"아직까지는 혼혈아에 대한 편견이 많아서 그럴 거야. 앞으로는 좀 달라지겠지. 그런 의미에서 잘 부탁한다."

"네? 하하! 걱정 마세요. 저희는 그러지 않아요."

연주가 앞장서 대답했다.

"고맙다, 나중에 또 놀러 와. 옷 안 사도 되니까 언제든지 놀러 오렴. 아줌마가 맛있는 거 해 줄게."

아주머니가 아이를 안고 가게 밖까지 나와 배웅해 주셨다. 엄마 품에 안긴 아이는 활짝 웃으며 손을 흔들었다.

가게에서 나온 아이들은 숙이네 아빠 회사에 놀러 가기로 했다. 마침 가까운 곳에 아빠의 공장이 있었기 때문이다. 점심시간이 가까워지면서 아이들은 숙이 아빠에게 자장면이라도 한 그릇씩 얻어먹을 기대로 잔뜩 부풀어 있었다.

"어서 와라."

아빠가 아이들을 따뜻하게 맞아 주셨다. 공장은 생각보다 컸다. 차도르를 만드는 공장에는 일하는 사람들이 아주 많았다. 얼핏 보니 외국인 노동자들도 꽤 많았다.

'외국인 노동자들은 아빠 회사에서 언제부터 일했을까?'

숙이는 고개를 갸웃거리며 아빠를 따라갔다. 아빠는 아이들을 데리고 공장 식당으로 갔다. 아이들은 낯선 공장에 견학이라도 온 듯이 잔뜩 신이 나 있었다.

점심 메뉴는 잡곡밥, 된장국, 김치, 계란말이, 콩장, 불고기, 두

부 부침이었다. 연주와 정이는 숙이 옆에 얌전히 앉아 맛있게 밥을 먹었다. 숙이가 아빠에게 나지막이 물었다.

"아빠, 외국인들도 있네요? 언제부터 여기서 일한 거예요?"

"얘기 안 했나? 벌써 한 달이 다 되어 가는데……."

숙이는 국을 떠먹다가 식사하러 오시는 외국인 아저씨들을 발견했다.

"어느 나라에서 왔대요?"

정이가 조용한 목소리로 물었다.

"파키스탄에서 온 사람도 있고, 이라크에서 온 사람도 있고…… 너희가 잘 알지 못하는 나라에서 온 사람들도 많단다."

아빠의 설명에 아이들의 눈이 휘둥그레졌다. 알 수 없는 나라에서 온 사람들이 이곳에서 일한다는 것이 마냥 신기하기만 했다.

그때 어떤 아저씨가 요란하게 재채기를 하는 바람에 숙이네 일행도 일제히 소리가 난 쪽으로 고개를 돌렸다. 재채기를 한 아저씨는 검붉은 피부에, 짙은 눈썹, 덥수룩한 수염에다가 머리에는 빨간 두건을 두르고, 살짝 열린 셔츠 단추 사이로 목까지 털이 보송보송 나 있는 아저씨였다. 아빠보다는 조금 젊어 보였다.

연주와 정이는 킥킥대고 웃었다. 재채기한 아저씨 주변으로 밥

풀이 잔뜩 튀었기 때문이다. 숙이도 아저씨의 얼굴이 너무나 인상적이어서 계속 쳐다보고 있었다.

"미안해요, 사장님."

갑자기 그 아저씨가 유창한 우리말로 아빠를 향해 소리쳤다.

"괜찮아, 다 치우고 가면 되지."

아빠가 너털웃음을 지으며 아저씨에게 짓궂게 농담했다. 아저씨는 수줍게 웃고는 바닥과 식탁에 떨어진 밥풀들을 휴지로 닦아 냈다.

"아빠, 저 아저씨 우리말 진짜 잘한다."

숙이가 속삭이듯 아빠에게 말했다.

"한국에 온 지 오 년이 넘었는데 당연하지. 이따 소개해 줄게."

외국인 아저씨를 소개해 준다는 말에 아이들은 괜히 설레고 들떴다. 우리말을 잘하니 전혀 낯설지도, 무섭지도 않았다.

식사를 마치고 아이들은 아빠 사무실로 우르르 몰려갔다. 아빠는 커피를 마시고 숙이와 친구들은 아이스크림을 먹었다.

"텔레비전에서 보면 테러를 일으키거나 무시무시하게 보이던 사람들이 아저씨 공장에 있으니까 전혀 그렇게 안 보여요. 근데 애들아, 지난번에 거기서 본 외국인들은 너무 무서웠어. 그치?"

"맞아, 텔레비전에서 본 사람들이랑 똑같이 생겼었어요. 그런 사람들은 괜히 죄 없는 사람들도 죽이잖아요."

"거기라니?"

아빠가 숙이에게 물으셨다.

"응, 지난번에 축제 때 입을 옷 사러 국경 없는 마을에 갔었는데 주인아줌마가 대여해 주셔서 갖다 드리고 오는 길이야. 근데 거기서 이슬람 사원을 본 것 같아. 건물에 걸려 있던 커다란 현수막에 마호메트라고 써 있었어. 아빠가 이슬람교는 마호메트가 만든 거라고 했잖아. 그치?"

"그래, 맞아. 이슬람 사원이야. 이슬람교는 마호메트가 만들었지. 그런데 정작 이슬람 사람들은 마호메트가 이슬람교를 만들었다고 생각하지 않는다는구나. 마호메트는 이슬람교를 널리 사람들에게 전도한 것이어서 이슬람의 전달자, 또는 인도자라고 불린다고 해. 마호메트는 알라신의 계시를 사람들에게 전달해 주는 사도였을 뿐 예수님처럼 기적을 행할 수는 없었지. 그런데도 그에 대한 무슬림들의 존경심은 상상을 초월한다는구나. 무슬림들의 예언자 공경이 얼마나 극진한가에 대해 한 학자는 '무슬림들은 알라에 대한 공격과 무신론자들의 사회는 인정할지언정, 마호메트를 비방하는 것은 가장 진보적인 무슬림들에게서조차 이글이글 타오를 정도의 맹렬한 분노를 일으킬 것이다' 라고 했단다. 그러니까 이슬람교를 믿는 사람들 앞에서 마호메트에 대해 함부로 말한다면 대단한 무례를 범하게 되는 거야."

"꼭 마호메트가 알라신보다 더 위대한 것 같아요."

"그래, 이슬람 사람들에게 마호메트는 평화의 전도자니까."

똑똑!

누군가 노크를 했다.

"네, 들어오세요."

그때 문을 열고 들어오셨던 분은 아까 식당에서 재채기했던 바로 그 아저씨였다. 그때 일이 생각났는지 아이들은 쿡쿡거리면서 서로의 옆구리를 찔러 댔다.

"어서 와, 막불!"

아빠가 손짓하자 아저씨는 얼른 소파로 와 숙이의 옆 자리에 앉았다.

"우리 딸이랑 친구들이야. 친하게 지내."

아빠가 아저씨에게 말했다.

"안녕! 내 이름은 막불! 그냥 막 불러 불러."

아저씨가 개그맨 흉내라도 내듯 우스꽝스럽게 자기소개를 했다. 연주와 정이가 배를 잡고 까르르 웃었다.

"막불? 그게 이름이에요? 재밌다, 우하하!"

숙이도 따라 웃었다. 한 번 들으면 절대 잊을 수 없는 특이한 이름이었다.

"저는 김숙이에요. 얘들은 제 친구 연주와 정이고요."

"막불 아저씨랑 친하게 지내라. 참 재밌고 좋은 분이야. 한국말도 잘하니까 의사소통에는 전혀 지장 없을 거야. 아빠는 외근 나가야 하니까 아저씨랑 조금 더 놀다 가고."

아빠가 나가시고 나자 막불 아저씨와 아이들은 어색한 표정으로 서로 멀뚱멀뚱 쳐다보기만 했다.

"구경 가."

막불 아저씨의 발음은 정확했지만 문장은 대부분 짧았다. 그래도 거의 이해할 수 있는 단어만으로 말을 하니 아이들은 오히려 편하게 느껴졌다.

"뭘 구경 가나요?"

성미 급한 연주가 아저씨에게 물었다.

"나 일하는 거."

아저씨가 손바닥으로 자신의 가슴을 탁탁 치며 말했다.

"오케이!"

연주가 큰 소리로 대답했다. 숙이와 정이도 마주 보고 씩 웃었다. 막불 아저씨는 아이들을 공장으로 데리고 갔다. 재봉하는 사람, 옷감에 염색하는 사람, 기계 만지는 사람 등 각자가 맡은 일을 바쁘게 하고 있었다.

"막불 아저씨는 어떤 일을 해요?"

연주가 넉살 좋게 아저씨에게 다가가 물었다.

"심색기로 일해."

아저씨가 환한 미소와 함께 답했다.

"기계 이름이에요?"

숙이도 궁금해서 물었다.

"응, 옷감 색을 짙게 만들어 주는 거야. 요즘 인기야. 유행!"

아저씨가 손짓 발짓 섞어 가며 제법 길게 설명했다.

"차도르에도 유행이 있나 봐요? 하하!"

숙이는 재밌다는 듯 웃었다. 정이와 연주도 마냥 신기해했다.

공장에 와서 직접 보니 차도르라는 옷도 한복만큼이나 빛깔이 곱고 아름다웠다. 한번 걸쳐 보고 싶은 마음이 절로 들 정도였다.

어느새 늦은 저녁때가 되어 사방에 어둠이 깔리고 있었다. 아이들은 아쉬운 마음을 뒤로 한 채 발걸음을 돌려야 했다.
"자주 놀러 와. 나 어린이들 무지 좋아해."
아저씨가 아이들을 바라보며 다정하게 말했다.
"네! 다음에 또 올게요."
"아저씨, 그럼 수고하세요. 또 올게요."
"오케이, 안녕! 잘 가."
아저씨가 수염을 쓰다듬으며 여러 번 인사했다. 뒤돌아 나오는 아이들의 웃음소리가 유난히 맑고 경쾌했다.

아랍, 중동, 이슬람, 이슬람교

아랍, 중동

'아랍(Arab)'이란 아라비아라는 지리적 용어에서 비롯되며 모국어인 아랍어를 사용하고 아랍인으로서의 정체성을 가지고 있는 사람들에 대한 종족·문화를 아우르는 용어입니다.

'중동'은 19세기 말 영국이 세계를 지배할 때 구분해 놓은 서구 중심의 지정학적인 개념입니다. 영국을 중심으로 오른쪽을 동쪽(East)으로 표현하면서 가장 오른쪽에 있는 아시아를 '극동', 가까운 오른쪽 지방인 발칸 반도와 그리스 등을 '근동', 그리고 그 중간인 아라비아 지역을 중동으로 지칭했습니다.

한편 이들 중동 지역 아랍인들의 삶과 역사에서 떼려야 뗄 수 없는 것이 종교인데, 그 종교는 아랍이라는 종족이나 지역적 경계를 넘는 것으로서 '이슬람교'라 합니다. 하지만 그냥 '이슬람(Islam)'이라고 할 때에는 이슬람교를 중심으로 한 종교와 문화 전체를 폭넓게 아우릅니다. 그래서 이슬람권이라 하면 전 세계 인구의 1/4에 해당하는

15억 무슬림(이슬람교도)들의 문화권 전체가 해당됩니다.

이슬람교, 마호메트교, 회교

흔히 이슬람교를 '마호메트교' 또는 '회교(回敎)'라고도 하는데, 엄밀하게 따지면 둘 다 부적절한 표현입니다. 이슬람교도인 무슬림은 마호메트(무함마드—마호메트의 아랍어 이름)를 존경하고 따를지언정 신앙의 대상으로 삼고 믿는 것은 아니기 때문에 마호메트교라는 말은 부적절합니다. 이슬람교 신앙의 유일한 대상은 오직 '알라(Allah)'뿐입니다.

여기서 주의할 것은, 알라가 이슬람교 특유의 신이라기보다는 아랍인들이 신을 부를 때 쓰는 호칭일 뿐이라는 점입니다. 우리가 하나님을 하나님이라고 호칭하는 것처럼, 무슬림이 아닌 아랍 기독교인들도 하나님을 알라라고 부르며, 아랍어 성경 또한 하나님을 알라로 번역하고 있습니다.

또한 회교라는 말도 중국 서부 지역에 살고 있는 위구르족, 즉 회회족이 믿는 종교라 하여 붙여진 이름이기 때문에 역시 적절하지 않습니다.

이슬람교를 평화의 종교라고 일컫는 이유

평화를 뜻하는 히브리어는 '샬롬' 또는 '셀렘'이고, 아람어는 '셀람'이며, 아랍어는 '살람'입니다. 그리고 이슬람(Islam)은 평온·평화라는 뜻의 아랍어, 살람(Salam)에서 파생된 동사 '이슬라마Islama(복종·순종하다, 몸을 맡기다)'를 어근으로 한 명사형으로, '신(Allah)의 뜻에 복종하는 것'을 의미합니다. 종교로서 이슬람은 인간이 신에게 철저하게 복종하고 신의 뜻에 따를 때, 인간의 몸과 마음에 온전한 평화를 가져다준다고 믿습니다.

따라서 이슬람의 언어학적 어원은 '평화'이고, 신학적 의미는 '복종·순종'을 뜻합니다. 즉 이슬람 사상의 핵심은 알라(유일신, 하나님)에 대한 절대복종을 통해 평화를 얻는 것입니다. 그래서 결국 '평화롭게 되는 것', 창조주 하나님의 법칙에 따름으로써 인간이 현실과 내세에서 '평화에 이르는 것'이 이슬람교의 가장 큰 목표입니다.

또한 이슬람교도들을 의미하는 '무슬림(Muslim)'의 어원도 이슬람(Isalm)의 능동태로서, '알라의 뜻에 순종함으로써 능동적으로 평화를 추구하는 자'를 뜻합니다.

2

똑같은 사람이네

 남에게 부정하게 대하지 말 것이며, 남이 나에게 부정하게 대하지 못하게 하라.

– 마호메트

1 숙이의 탐색기

숙이는 왠지 모르게 막불 아저씨의 얼굴이 자꾸만 떠올랐다. 외국인과 가까이에서 오랫동안 이야기를 나눠 본 것이 처음이라서 그런 걸까? 온몸에 덥수룩하게 난 털도 징그럽게 느껴지지 않았다. 아저씨의 인상이 너무 좋아서일지도 모른다고 숙이는 생각했다. 아니, 그보다 우리말로 쉽게 의사소통을 할 수 있어서 그런지도 몰랐다. 어쨌든 숙이의 막불 아저씨에 대한 궁금증은 산더미처럼 커져만 갔다.

"누나, 무슨 생각해?"

도훈이가 숙이 옆에 와서 알랑거렸다.

"저리 가, 너랑은 안 놀아."

숙이가 귀찮다는 듯 도훈이를 발로 툭 찼다.

"치, 나도 안 놀아."

도훈이가 금세 삐쳐서 나가 버렸다.

일요일인데도 아빠는 회사에 나가셨고 엄마도 외출하고 안 계셨다. 그러고 보니 도훈이가 심심할 만도 했다.

"도훈아, 누나랑 아빠 회사 갈래?"

"정말?"

숙이가 도훈이에게 옷을 챙겨 입히고 집을 나섰다. 집에선 늘 티격태격하기만 했는데 밖에 나오니 갑자기 남매가 정다워졌다. 특히 도훈이는 누나만 믿고 따라다녀야 하는 처지여서 그런지 평소보다 더 고분고분했다.

아빠 회사까지는 그리 멀지 않았다. 하마터면 버스에서 잘못 내릴 뻔했지만 기사 아저씨에게 물어 무사히 도착할 수 있었다. 건물로 들어서서 무작정 사장실로 올라갔지만 아빠는 자리에 안 계셨다.

"전화를 하고 오지 그랬어. 오늘은 회사로 안 들어오실걸. 바로 집으로 퇴근하실 거야, 밤늦게."

비서 언니가 알려 주었다.

울상이 된 도훈이가 누나를 원망스럽게 바라봤다. 숙이도 무작정 집을 나선 게 후회스러웠다.

"숙! 숙!"

누군가 숙이 이름을 불러 뒤돌아보니 막불 아저씨가 문 앞에 서 있었다. 숙이는 너무 반가운 나머지 '막불 아저씨!' 하고 크게 소리쳐 버렸다.

"누구야?"

도훈이가 누나 뒤로 숨으며 물었다.

"여기서 일하시는 막불 아저씨야. 인사해."

숙이가 도훈이를 앞으로 잡아끌며 말했다. 아저씨가 도훈이 앞으로 다가와 무릎을 굽히시곤 도훈이의 볼을 살짝 건드렸다.

"예뻐, 우리 아들이랑 비슷해."

아저씨가 또박또박 말했다.

"내가요?"

도훈이가 신기한 듯 아저씨에게 되물었다.

"나이가 비슷해. 1학년이야?"

"네, 도훈이 여덟 살이에요."

숙이가 대신 대답했다.

"우리 아들도 여덟 살이야. 파키스탄에 있어. 보고 싶어."

아저씨의 눈이 금세 그리움으로 가득 찼다.

"아저씨, 우리 휴게실 가서 코코아 마셔요. 아저씨 가족 이야기 더 듣고 싶어요. 네?"

숙이가 아저씨 팔뚝을 잡고 졸랐다.

"사장님한테 혼나면 책임져."

막불 아저씨가 살짝 윙크를 하더니 숙이와 도훈이를 데리고 휴게실로 향했다. 마침 쉬는 시간이라고 하셨다. 아저씨는 자판기에서 율무차를 뽑아 마셨고 우리들에게는 코코아를 뽑아 주셨다.

"아저씨는 왜 혼자 우리나라에 와서 일해요?"

도훈이가 아저씨 수염을 뚫어지게 쳐다보며 눈을 동그랗게 뜨고 물었다.

"돈 벌러 왔지. 파키스탄에 아들, 딸, 부인, 어머니, 아버지까지 모두 다 있어."

"우아! 그렇게 많아요?"

숙이와 도훈이가 마주 보고 놀라는 시늉을 했다.

"응, 그래서 내가 여기서 돈 많이 벌어 가야 돼. 그곳에는 돈 벌 사람이 없어."

"가족들 안 보고 싶어요?"

숙이가 제법 어른스럽게 물었다.

"왜 안 보고 싶어? 밤마다 보고 싶지."

아저씨가 일부러 슬프지 않은 척 웃어 보였다. 하지만 그 웃음에서 쓸쓸함이 묻어 났다. 막불 아저씨가 갑자기 지갑을 열어 안쪽에 있는 가족사진을 보여 주었다. 사진 속에는 아저씨가 말한 가족들이 전부 모여 있었고, 정말로 도훈이만 한 사내아이가 해맑은 미소를 지으며 할머니 무릎 위에 앉아 있었다. 숙이는 갑자기 가슴이 뭉클해졌다.

"파키스탄에 큰 지진이 나서 집이 무너졌어. 지금 남의 집 창고에서 식구들이 먹고 자고 해. 빨리 집을 마련해야 해."

사진을 보다 말고 아저씨가 흐르는 눈물을 닦으며 말했다. 숙이가 화장지를 꺼내 건네주었다.

"돈 많이 모아서 빨리 집 사세요."

도훈이가 팔을 한 아름 벌리고 밝게 웃었다. 아저씨도 이내 웃음을 되찾았다. 숙이는 어린애 같기만 했던 동생이 오늘따라 대견스럽게 느껴졌다.

"그런데 저기 저 아저씨들은 뭐하시는 거예요?"

카펫이 깔린 한쪽 구석에서 절을 하고 계시는 아저씨를 보고 도훈이가 물었다.

"알라께 기도를 드리는 거야. 저렇게 하루에 다섯 번씩 메카(이슬람교의 창시자인 마호메트가 태어난 곳으로 이슬람교 최고의 성지)가 있는 방향을 보고 예배를 드리는 거야."

"알라? 그럼 저 아저씨 이슬람교도예요? 근데 아저씨도 이슬람교 믿어요?"

숙이가 문득 생각난 듯 호기심에 가득한 표정을 지으며 물었다.

"응, 우리나라 사람들은 거의 다 이슬람교도들이야."

아저씨가 도훈이를 무릎에 앉히며 대답했다. 도훈이는 들썩거리는 아저씨의 무릎이 놀이터라도 되는 양 깔깔대며 좋아했다.

"한국에는 이슬람교 믿는 사람이 별로 없어요. 그래서 신기해요."

"싫어하는 사람들도 많지? 솔직히 말해 봐."

아저씨가 눈썹을 치켜 올리며 비밀 얘기를 하듯 목소리를 낮추어 물었다.

적을 용서하고
평화를 구하는 자,
그들은 하나님과 함께
보상을 누리리라

"네, 이슬람교에 대해 잘 모르니까 왠지 이상해 보이고, 그래서 더 놀리고 무시하는 것 같아요."

숙이가 괜스레 미안한 얼굴로 말했다.

"알아, 이해해."

아저씨가 온화한 표정으로 말하자 그제야 숙이의 마음이 놓였다. 아저씨와는 무슨 말을 해도 잘 통할 것만 같았다. 그때 아저씨가 갑자기 안주머니에서 작은 책 하나를 꺼냈다.

"이거, 《코란》이라는 책이야. 우리 이슬람교를 믿는 사람들을 '무슬림'이라고 하는데, 무슬림들은 이 《코란》을 하나씩 꼭 가지고 있어. 이건 기독교인들이 《성경》을 가지고 있는 거랑 똑같아. 알라의 계시를 모은 책을 《코란》이라고 하는데, 계시를 받은 마호메트가 말로 전한 내용을 그가 죽은 후 신도들이 수집해서 정리한 거야. 여기 《코란》을 보면 이슬람의 평화를 느낄 수 있어. 이거 읽어 봐, 숙!"

아저씨는 그 작은 책에 끼어 있던 종이 한 장을 꺼냈다. 거기에는 '악에 대한 보복은 악 그 자체와 같으니라. 적을 용서하고 평화를 구하는 자 그들은 알라와 함께 보상을 누릴지니'라고 적혀 있었다. 숙이는 생각했다.

'적을 용서하고 평화를 구하는 자…… 이슬람교는 평화를 이야기 한다고 했어.'

아저씨는 숙이에게 더 궁금한 것이 있으면 종이 뒷면의 약도에 그려진 곳으로 가서 김영민 목사님을 찾으라고 했다. 그리고 아저씨는 숙이 남매와 헤어지는 게 아쉬운 듯 지난번처럼 여러 번 인사를 하며 뒤돌아 달려갔다.

"우리 이슬람교…… 궁금하면 목사님한테 물어봐. 난 한국말 잘 못해서 숙이가 내 말 잘…… 이해 못해."

"고마워요, 아저씨."

숙이는 도훈이를 데리고 회사에서 나와 집으로 가는 버스를 탔다. 비록 아빠는 만나지 못했지만 정말 즐거운 나들이었다.

2 외국인 친구들 이해하기

숙이는 도훈이를 데리고 막불 아저씨께서 주신 종이에 그려진 곳을 찾아갔다. 놀랍게도 그곳은 국경 없는 마을이었다. 게다가 그림에 그려진 건물은 바로 지난번에 보았던 이슬람교 사원이었다. 도훈이의 손을 꼭 잡고 용기를 내어 국경 없는 마을에 들어간 숙이는 지나가는 외국인 아저씨에게 물었다.

"김영민 목사님을 만나려면 어디로 가야 되나요?"

"아, 김영민 목사님? 저기 저분이셔."

아저씨는 친절하게 알려 주셨다. 아저씨가 가리키는 곳을 보니 길게 수염을 기른 한 한국인 아저씨가 외국인들과 이야기를 나누고 있었다. 숙이는 목사님께 막불 아저씨의 편지를 전해 주었다. 목사님은 그 자리에서 바로 편지를 읽으시곤 허허 웃으시며 말씀하셨다.

"네 이름이 숙이니? 네가 도훈이고? 여기까지 와 줘서 고맙구나. 아저씨는 외국인들을 위한 사랑의 집을 운영하고 있단다. 아저씨 종교는 기독교이지만 아저씨의 외국인 친구들은 대부분 이슬람교도들이지. 아저씨가 이슬람교에 대해 공부한 이유도 이 때문이란다. 친구들을 잘 이해하려면 이 정도 노력은 해야겠지? 우리 숙이도 외국인 친구들을 잘 이해해 주는 착한 아이 같구나. 이슬람교에 대해서 궁금해하는 걸 보니."

목사님은 숙이의 머리를 쓰다듬으시며 말씀하셨다. 그러고는 이슬람 사원 여기저기를 함께 다니면서 안내해 주셨다. 사원 안으로 들어선 숙이는 카펫이 깔린 바닥과 화려한 무늬로 장식된 벽을 신기하게 쳐다보았다. 기도하고 있던 외국인 아저씨들에게 행여 방해가 되지 않을까 숨죽이며 자신을 따라오는 도훈이가 기특해 숙이는 도훈이의 손을 꼭 잡고 목사님 뒤를 따라 걸었다.

밖으로 나온 목사님은 사원 바로 옆에 있는 식당으로 아이들을 데려갔다. '케밥 하우스'라는 식당이었는데 주인아저씨도 외국인이었다.

"시난, 잘 있었나? 오늘은 귀여운 친구들을 데리고 왔어."

"목사님, 안녕하셨어요? 앉으세요."

우리말을 너무나 유창하게 하는 아저씨도 막불 아저씨랑 같은 파키스탄에서 9년 전에 한국으로 오셨다고 했다.

"우아! 아저씨 한국 사람 같아."

도훈이는 신기한 듯 눈이 동그래져서 말했다.

"그래, 도훈아. 시난 아저씨 한국말 잘하시지?"

시난 아저씨는 아이들에게 홍차와 빵을 나눠 주셨다.

"시난, 이 친구들이 이슬람교에 대해서 궁금한 게 많다는군. 자네가 설명 좀 해 주게."

"목사님이 더 잘 아시잖아요."

시난 아저씨는 아이들이 이슬람교에 대해 궁금해한다는 말에 굉장히 기뻐하면서 말씀하셨다.

"이거 한번 먹어 봐. 우리 파키스탄의 전통 빵이란다. 그래, 궁금한 게 뭐니?"

"왜 이슬람교를 믿는 사람들은 자꾸 싸워요? 그래서 죄 없는 사람들도 많이 죽잖아요."

"이슬람교는 초창기부터 아주 신속하고 광범위하게 확산된 종교야. 그만큼 이슬람교에 대한 편견이나 오해도 많이 생겼지."

"오해요?"

"응, 전투적인 종교라고 말이야. 사람들에게 강요해서 억지로 이슬람교를 믿게 했다는 식으로 말이지."

"정말 그랬어요?"

숙이가 깜짝 놀라며 목사님에게 물었다.

"아니, 이슬람교는 신앙의 자유를 강조하는 종교란다. 그리고 다른 종교들이 세속의 삶, 그러니까 지금의 현실보다 내세라고 하는 죽음 이후의 세계를 더 강조하고, 인간의 육체적인 면보다 정신적인 영역을 중시하는 데 반해, 이슬람은 내세와 똑같이 현세의 삶도 중요시해. 때문에 종교와 정치를 갈라놓지 않고 하나의 합일체로 보는 '정교일치'를 국가와 사회의 기본 체제로 유지하고 있단다."

"정교일치? 그게 뭐예요?"

"정치와 종교는 하나로서, 둘을 따로 분리할 수 없다고 생각하는 거야. 흔히 이슬람교 국가들이 전쟁하는 걸 두고 종교적인 이유 때문이라고 오해하는데, 사실은 그렇지 않아."

"그럼요?"

"정치적인 이유 때문이지. 다른 국가들처럼 그저 국가의 이익을 두고 서로 싸우는 것뿐이야. 그러니 종교 자체에 대한 오해나 편견은 바람직하지 않아."

"그런데 미국은 왜 자꾸 중동 지역 국가들을 공격하는 거예요? 민주적이고 선진국이라고 생각했던 미국이 그토록 무섭게 다른 나라를 공격하는 걸 보니 좀 이상해요."

숙이가 고개를 갸웃거렸다.

"미국은 전쟁의 명목을 '테러와의 전쟁'이라고 내세우고 있지만 진짜 목적은 조금 다르단다. 테러에 대한 응징을 앞세워 다른 욕심을 채우려는 거지."

"그게 뭔데요?"

"여러 가지가 있지만 가장 큰 건 역시 석유 자원 같은 거란다. 하지만 계속되는 공격과 전쟁은 오히려 중동 국가들로부터 반미 감정만 부추기고 무슬림과 미국 사이에 새로운 분쟁의 씨앗이 되고 있어 사태의 심각성은 점점 커져만 간단다."

"목사님 말씀을 듣고 보니 정말 그런 것 같네요. 미국은 무조건 옳은 줄로만 알았는데……."

3 작업반장 막불 아저씨

화창한 날이었다. 아침부터 엄마는 주방에서 분주하게 음식 준비를 하셨다. 솔솔 풍기는 음식 냄새가 구미를 당겼다.

"이게 무슨 냄새예요?"

숙이가 코를 벌름거리며 엄마에게 다가갔다.

"이게 무슨 냄새야?"

도훈이도 눈을 비비면서 주방으로 들어왔다.

"오늘이 쉬는 일요일이라서 집에 손님을 좀 초대했지."

엄마가 의기양양하게 대답했다.

"일요일은 원래 쉬는 날인데, 쉬는 일요일은 또 뭐예요?"

숙이가 엄마 허리를 붙잡고 따지듯 물었다.

"아빠 공장에서 일하는 외국인 아저씨들을 초대했어. 그 아저씨들은 한 달에 한두 번밖에 안 쉬어."

냄비 뚜껑을 여닫으면서 엄마가 말했다.

"그럼 막불 아저씨도 와?"

반가운 마음에 숙이가 물었다.

"네가 그 아저씨를 어떻게 알아? 이번에 작업반장으로 승진했다더라."

엄마가 국자로 간을 보다가 깜짝 놀라 숙이를 쳐다보았다.

"정말? 우아, 그 아저씨 정말 열심히 일하시나 봐?"

숙이는 진심으로 아저씨의 승진이 기뻤다.

"나도 막불 알아."

도훈이가 아저씨 호칭은 빼먹고 신나서 말했다.

"아저씨 자는 왜 빼냐? 엄마, 우리도 그 아저씨 알아요. 우리말도 잘하고 아주 친절해요."

숙이가 아저씨 이야기를 쉴 새 없이 늘어놓았지만 엄마는 요리를 하느라 정신이 없어 보였다.

띵동! 초인종이 울렸다.

"막불이닷!"

도훈이가 허겁지겁 뛰어나갔고 숙이도 얼른 현관 앞으로 갔다. 아빠가 문을 열어 아저씨들을 데리고 들어왔다. 아저씨들은 모두 여섯 명이었다. 물론 막불 아저씨도 왔다.

"안녕하세요?"

숙이와 도훈이가 예의 바르게 인사했다. 막불 아저씨는 유난히 반가운 얼굴로 신발을 벗고 성큼 들어왔다. 다른 아저씨들은 인도, 이란, 인도네시아 등지에서 왔다고 했다. 지난번에 사랑의 집에서 뵈었던 김영민 목사님도 함께 오셨다.

"어서 오세요, 목사님."

아빠는 반갑게 목사님을 맞이하셨다.

"초대해 주셔서 감사합니다. 사장님 말씀 많이 들었습니다. 우리 친구들을 너무 많이 배려해 주셔서 크게 감동했습니다."

"아닙니다, 당연한 일인걸요. 저희 직원들을 위해 너무 애쓰고 계시다고 들었습니다. 오히려 제가 목사님께 정말 감사드립니다."

"숙이야, 도훈아! 다시 만나 반갑구나. 좋은 부모님을 둬서 너희들이 그렇게 멋지구나!"

"어서 들어오세요."

엄마는 주방에서 음식을 준비하다 말고 나와서 인사하셨다.

"그쪽 나라에선 양고기랑 염소고기를 잘 먹는다면서요? 우린 그런 요리는 한 번도 안 해 봐서 그냥 닭고기 요리를 준비했는데…… 입맛에 맞으실지 모르겠네요. 그래도 많이 드셔야 해요."

엄마가 차린 식탁 위에는 찜닭, 닭갈비, 삼계탕 그리고 닭죽까지 온통 닭고기 요리뿐이었다. 반찬은 주로 김치였다. 그런데 신기하게도 아저씨들은 닭고기는 물론이고 김치도 아주 잘 드셨다.

"아저씨, 작업반장 되신 것 축하드려요."

숙이가 미리 준비해 둔 선물을 아저씨에게 건네며 말했다.

"땡큐! 고마워. 이건 뭐야?"

"선물이에요."

숙이에게 선물을 받은 막불 아저씨는 너무 기뻐하며 고맙다는 말을 계속하셨다. 선물은 숙이가 안 쓰고 아껴 뒀던 손수건이었다. 친구에게 선물 받았던 건데 서랍 속에 고이 모셔 뒀다가 누가 놀러 오기만 하면 자랑하곤 했었다.

"와우! 예뻐. 잘 쓸게."

아저씨가 좋아하니 숙이도 흐뭇했다. 고된 노동으로 땀을 흘리거나 고향에 있는 가족 생각이 나서 눈물이 날 때 그 손수건이 조금이라도 위로가 되었으면 좋겠다고 생각했다.

"우리 막불이 한국 사람들보다 더 일 잘해. 그래서 아빠가 특별히 작업반장으로 임명했다."

"아빠 최고야."

도훈이가 닭 다리를 뜯다 말고 장난기 넘치게 웃었다.

"도훈이 너는 당연한 얘기를 하고 그러니? 우리 아빠 원래 멋졌거든."

아빠는 갑자기 얼굴이 빨개지면서 웃으셨다.

"하하! 막불 때문에 우리 아들딸한테 내가 칭찬을 다 받네. 고마워, 막불."

밥을 먹다 말고 모두가 함박웃음을 지었다. 식사를 마친 뒤 아저씨들과 함께 텔레비전을 보며 즐거운 시간을 보냈다. 한 아저씨는 솔솔 잠이 오는지 거실 한쪽 벽에 기대어 꾸벅꾸벅 졸고 있었다. 도훈이는 아빠 휴대전화로 아저씨들 사진을 막 찍고 다녔다. 졸고 있는 아저씨의 모습도 가까이에서 찍었다.

"도훈아, 그럼 못써. 이리 와서 얌전히 앉아."

엄마가 도훈이의 장난을 말렸다. 그런데 오히려 막불 아저씨가 한술 더 떠 도훈이를 들쳐 업고 방 안을 빙글빙글 도는 바람에 엄마는 그만 도훈이와 아저씨에게 두 손 두 발 다 들고 항복해 버렸다.

"막불이 나보다 우리 애들하고 더 잘 놀아 주네. 나 없을 때도 자주 놀러 오고 그래."

아빠가 뒷머리를 긁적대며 말했다.

"그러게 말이에요. 막불이 참 자상하고 친절해요."

엄마도 아저씨를 칭찬했다. 그 때 옆에서 가만 듣고 계시던 목사님께서 허허 웃으시면서 말씀하셨다.

"원래 중동 사람들이 순수하고 친절한 편이에요. 자신보다 다른 사람을 먼저 생각하는 마음은 이슬람교의 종교적 특성을 알면 이해하기 쉽지요. 국가나 민족, 혈연이나 지연을 초월한 세계 종교라고 할 수 있는데, 그게 바로 이슬람교가 세계적으로 널리 확산된 중요한 요인이었어요. 또한 이슬람교는 수용성이 아주 넓어 주변의 선진 문명을 적극 수용했지요. 교리 면에서도 그야말로 유대교나 기독교의 것을 대폭 받아들였고요. 뿐만 아니라 이슬람교는 꽤 관용적인 편이에요. 그래서 그 엄격하다는 금식도 환자

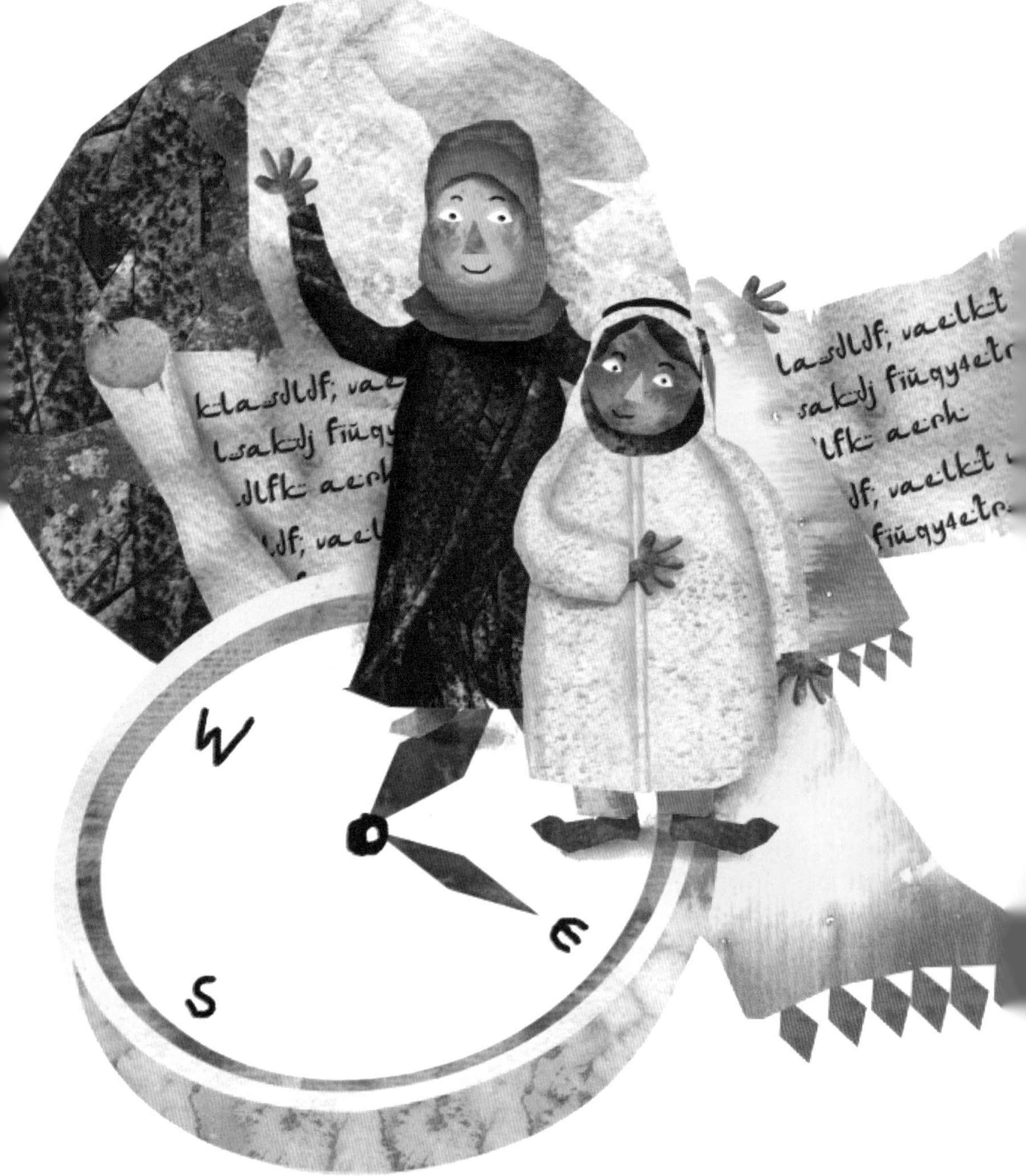
W
E
S

나 임신부, 여행자들에게는 예외를 인정해 주기도 하지요. 이슬
람교에서 금기시되는 돼지고기도 다른 식료품이 없을 때에는 먹
도록 허용하고 있어요. 그렇다고 느슨하다거나 문란한 것은 결코
아니에요. 오히려 정반대지요."

"그런 건 처음 알았네요."

엄마가 신기한 듯 말했다.

"우아, 처음 듣는 얘기라서 그런지 너무 재밌어요!"

숙이가 한껏 들뜬 목소리로 말했다. 시계를 보니 어느새 열 시
가 다 되었다. 막불 아저씨가 먼저 서둘러 일어서자 다른 아저씨
들도 옷을 챙겨 입고 하나 둘 일어났다.

"자고 가요. 네?"

도훈이는 막불 아저씨 손을 잡고 떼를 썼다.

"아저씨 집에 가서 쉬셔야 내일 또 일하시지. 얼른 보내 드려."

엄마가 아저씨에게서 도훈이의 손을 떼어 내며 말했다.

"조심해서 가세요."

"잘 먹고 잘 놀다 갑니다."

"감사합니다, 사모님."

아저씨들이 꾸벅 인사하며 현관문을 나서자 부모님은 아저씨들

을 따라 버스 타는 곳까지 배웅을 나가셨고, 도훈이는 언제 떼썼냐는 듯 하품을 하며 방으로 들어갔다. 숙이는 청소기로 거실을 깨끗이 청소했다.

오랜만에 집안이 북적거리니 마치 대가족이 모인 것만 같았다.

'또 오세요, 막불 아저씨.'

이슬람 문화 가운데 궁금한 것들

이슬람 문화가 '일부다처제'로 대변되는 '미개한 문화'라든가 이슬람 사람들이 '테러리스트'로 비치는 이미지 등은 이슬람권에 대한 지극히 왜곡된 단면이거나 예외적인 현상입니다. 그들 역시 실제로는 절제된 생활과 도덕률을 바탕으로 인간으로서 참된 삶을 살아가려고 노력하고 있습니다. 그러나 그들의 종교와 역사에서 유래한 독특한 문화로 인해 종종 오해를 받는 것은 불행한 현실입니다. 이에 그들만의 독특한 삶의 방식을 통해 이슬람 문화권에 대한 대표적인 오해와 궁금증을 풀어 봅시다.

부인을 여러 명 둘 수 있는 이유는?

이슬람을 생각할 때 가장 먼저 떠오르는 것은 '일부다처제'입니다. 그런데 이 제도는 현대 사회에서 가장 '미개한 제도'로서 여성을 남성의 소유로 간주하고 여성을 속박, 억압하는 사회적 틀로 이해되고 있습니다. 그러나 과거 이슬람 사회에서는 오히려 이 제도가 여성을

가장 많이 존중하고 보호해 줄 수 있는 제도였습니다.

이슬람 문화 초기에 많은 남성들이 전쟁으로 사망하자, 과부들과 그 자손들은 사회적인 골칫거리로 여겨졌습니다. 그리고 그들을 구제할 수 있는 효과적인 방법 중 하나가 한 남자가 여러 아내를 맞아들이는 것이었습니다. 특히 이슬람이 등장하기 전 아랍 지역의 여성 지위는 단지 재산의 일부로 취급될 만큼 낮아 산 채로 매장되거나 살해되는 일들이 빈번했습니다.

그러나 《코란》의 계시에 따라 성립된 이슬람교는 이런 관습이 서서히 사라지도록 하는 데 크게 기여했습니다. 한편 여러 부인을 거느릴 수 있는 사람에게는 철저한 조건이 따릅니다. 여러 아내를 공평하게 대해야 하는 공동 거주, 공평 부양, 공평 상속 등을 지켜야 하는 것이지요. 이를 어길 경우 아내의 입장에서는 합법적인 이혼 사유가 됩니다.

따라서 이슬람의 일부다처제는 그들 환경에 맞는 사회 복지 장치였습니다. 과거와는 상황이 많이 달라진 현재에는 이 제도를 인정하는 국가에서도 실질적으로 여러 명의 부인을 두는 경우는 많지 않습니다.

돼지고기 먹는 것을 금지하는 이유는?

이슬람에서 허용된 것은 '할랄'이라고 하고 금지된 것은 '하람'이라고 부릅니다. 이것은 알라가 《코란》을 통해 지시하고 있는데, 《코란》은 '믿는 자들이여, 알라께서 너희들에게 부여한 음식 중 좋은 것을 먹되 하나님께 감사하라. 죽은 고기와 피와 돼지고기를 먹지 말라. 그러나 고의가 아니고 어쩔 수 없이 먹는 경우는 죄악이 아니니라' 라고 말하고 있지요. 《코란》은 또 먹을 수 없는 고기에 대해 구체적으로 언급하고 있는데 그중에는 목 졸라 죽인 것, 때려잡은 것, 우상에 제물로 바쳤던 것 등이 포함됩니다. 이슬람에서 돼지고기를 먹지 않는 것은 하람 가운데 대표적인 것입니다. 따라서 무슬림은 《코란》에 복종해야 하므로 돼지고기를 먹지 않는다는 것이 가장 명료한 답입니다.

그러면 《코란》은 왜 다른 동물과는 달리 돼지고기에 관해서만 특별히 금지했는가 하는 의문이 남는데, 사막이 대부분인 아랍 지역에서는 특히 돼지고기가 부패하기 쉬우므로 '알라께서 부여한 음식 중 좋은 것이 못 되기 때문'이지요. 이 점 역시 그들의 독특한 문화와 환경에서 비롯된 것입니다. 하지만 그들은 그 이유 역시 '알라만이 알고 계신다'고 믿고 있습니다.

정치와 종교의 구분이 없는 이유는?
다른 종교와는 달리 이슬람교가 세워졌던 시기는 정치적 대립이 곧

종교적 대립과 완벽하게 일치했던 때입니다. 기존의 아랍 부족들의 신앙은 여러 우상과 신들을 믿는 다신교였으며, 그중 일부 부족은 '메카(사우디아라비아 남서부에 있는 홍해 연안의 도시로 이슬람교의 창시자인 마호메트가 태어난 이슬람교 최고의 성지)'에서의 그릇된 풍요와 지배적 지위를 누렸습니다.

그에 반해 마호메트는 유일신 알라만을 믿는 평등·평화의 신앙을 주창했습니다. 그런데 그것은 단순히 신앙의 변화만을 뜻하는 것이 아니라 지배적 지위의 변화도 함께 요구하는 것이었습니다. 곧 새로운 신앙의 주장은 자연히 정치적 투쟁과 같은 뜻을 갖게 되었습니다.

이것은 이슬람교가 급속도로 전파됐던 이유를 설명해 주고, 무력을 사용하여 전파하는 종교라는 오해를 풀어 주는 실마리가 됩니다. 어느 나라나 겪게 되는 정치적 대립이 마침 종교적 대립과도 일치하는 부분이 있었을 뿐, 이슬람교가 무력과 전쟁을 종교의 수단으로 이용하는 종교는 결코 아닌 것입니다.

3

우리는 모두 평화주의자

 인간의 진정한 재산은 세상을 위해 행한 선행이다.

－마호메트

1 새로운 가족

막불 아저씨가 쉬는 날이었다. 숙이는 도훈이와 함께 동네 공원에서 아저씨를 만났다. 아저씨는 고향에 있는 아들딸이 생각나서인지 숙이와 도훈이를 자식처럼 잘 대해 주셨다. 숙이와 도훈이도 아저씨가 삼촌처럼 편하게 여겨졌다. 그런데 무슨 일인지 아저씨가 커다란 가방 하나를 들고 나왔다.

"아저씨, 어디 가세요?"

숙이가 의아한 듯 물었다.

"아니, 내 짐이야."

아저씨가 가방을 내려놓고는 머리를 긁적대며 말했다.

"짐을 왜 들고 다녀요? 안 무거우세요?"

아저씨의 가방이 꽤 무거워 보였다. 마치 이삿짐 같았다.

"실은 돈을 싹싹 모아서 고향에 부치는 바람에……."

아저씨는 말을 하다 말고 미소만 지으셨다.

"그럼 방까지 빼서 고향에 돈을 부쳐서 잘 데도 없는 거예요?"

숙이가 깜짝 놀라 물었다.

"어떻게 알았어? 우리 숙이 족집게 도사다. 걱정 마. 저녁엔 같이 일하는 키 작은 아저씨 집에 갈 거야."

키 작은 아저씨 집이라면 외국인 아저씨들이 좁은 방 하나에서 모여 지낸다는 곳이었다. 이미 다섯 명이나 함께 살고 있는 비좁은 방이었다.

"거기서 아저씨까지 어떻게 살아요?"

"괜찮아, 잠만 자면 되는데 뭘……."

괜찮다고 말하는 아저씨 눈에서 불안하고 걱정스러운 마음이 엿보였다.

"아저씨, 많이 힘들죠?"

숙이가 안타까운 표정을 지으며 물었다.

"괜찮아, 여기 와서 좋은 가족 만났잖아. 행복해."

"그래도 고향에 있는 가족 생각나면 마음 아프시겠어요."

숙이는 마치 자기 일처럼 슬퍼하며 아저씨를 위로했다.

"응, 그런데 오늘 더 가슴 아픈 일이 있었어. 집 주인아주머니께서 우리나라 사람들 때문에 사람들이 옆집에 이사를 안 오려고 한다면서 더 있게 해 주고 싶은데 그럴 수 없다고 하셨어. 그냥 우리도 똑같은 사람으로 봐 줬으면 좋겠어. 9·11테러 있고 나서 우리나라 사람, 더 무서워하고 피해…… 사람들이. 난 너무 슬퍼. 요즘은 이슬람 사회도 많이 변하고 있어. 새로운 문화가 우리 이슬람 문화하고 쾅 하고 부딪쳐서 섞이는 바람에 더 많은 오해를 사."

막불 아저씨는 땅을 내려다보며 쓸쓸히 말했다.

"아저씨, '한 손에는 칼, 한 손에는 코란'이라는 말을 들은 적이 있어요. 그래서 좀 무서운 생각이 들었어요. 이슬람교를 믿으라고 강요하는 듯한 말 같아서요."

"아니야, 그건 옛날에 사람들이 이슬람교를 너무 많이 믿으니까 다른 종교에서 만들어 낸 말이야. 이슬람 사람들은 다른 나라 사

람들이 알고 있는 것처럼 폭력적이고 무서운 사람들이 아니야. 이슬람교를 잘 몰라서 그렇지, 알고 보면 좋은 일도 많이 해."

"좋은 일이오?"

"응, 예를 들면 헌금을 모아 가난한 사람들을 도와주는 일 같은 거. 이건 누가 시켜서 하는 게 아니고 스스로 마음에서 우러나와서 기꺼이 내놓는 거야. 그러니까 이건…… 가난한 사람과 부자의 격차를 줄이려는 거야."

"우아! 좋은 일이네요."

"그래, 우리 이슬람교 나쁘지 않아. 숙이도 제대로 알아줬으면 좋겠어."

숙이는 아저씨의 쓸쓸한 표정이 마음에 걸려 가슴 한구석이 점점 무거워지는 것 같았다.

그날 저녁 부모님은 숙이를 부르셨다.

"오늘 아빠랑 엄마가 집을 좀 보고 왔어. 다음 주에 이사하는 걸로 계약하고 왔단다."

"갑자기 웬 이사요?"

숙이는 놀라서 아빠에게 물었다.

"조금 큰 집으로 옮기려고…… 아빠 회사에서 일하는 외국인 아저씨들 있지? 그 아저씨들은 고향에 돈 부치고 나면 자기들 쓸 돈이 턱없이 모자라 방 하나도 제대로 못 구해. 그래서 그렇게 비좁은 방에서 서로 뭉쳐 산다는구나. 이번 기회에 아빠가 기숙사까지는 못 지어 주더라도 작은 방 두어 개 정도는 내주고 싶어."

"정말요?"

숙이는 아빠도 막불 아저씨의 사정을 알게 된 걸까, 하고 생각했다.

"마침 변두리에 싸게 나온 집이 있어서…… 잘됐지 뭐니, 회사에서도 가깝고 말이야. 숙이 너도 찬성이지? 어쨌든 미안하다, 미리 말 못해서……."

엄마가 사과와 배를 깎아 내오며 덧붙였다.

"저야 너무 좋지요. 매일 막불 아저씨 볼 수 있잖아요. 아저씨랑 있으면 너무 재밌어요. 그리고 아빠, 엄마, 정말 존경해요! 저도 나중에 두 분처럼 좋은 일 많이 할게요."

"하하하!"

"호호호!"

웃음소리에 놀란 도훈이가 벌떡 일어났다. 무슨 일인지도 모르고 희미하게 한 번 웃더니 사과 하나를 집어 베어 먹었다.

"꿀돼지!"

숙이는 오늘따라 도훈이가 더 귀엽게 보였다. 아빠는 젊었을 때 외국 생활을 해 봐서 그런지 아저씨들의 마음을 너무 잘 헤아리는 것 같았다. 그런 아빠가 너무 자랑스럽고 존경스러웠다. 막불 아저씨가 잘 곳을 찾아 더 이상 헤매지 않아도 된다고 생각하니 잠도 잘 왔다.

이사 날이 되었다. 아침 일찍부터 아저씨들과 함께 시작한 이삿짐 나르기는 점심때가 되기 전에 무사히 잘 끝났다. 새로 살게 된 집은 조용하고 한적한 곳에 자리하고 있었다. 가까운 거리에 아빠 회사가 있다고 해서 공기가 안 좋은 곳인 줄 알았는데 막상 도착해 보니 시골처럼 공기도 맑고 한적한 마을이었다.

집은 두 채로 이루어져 있었다. 한 채는 숙이네 가족이 살게 될 이층집이었고, 다른 한 채는 1층짜리 조립식 간이 건물이었는데 내부 시설이 잘 갖춰져 있어 사는 데 전혀 불편함이 없어 보였다. 오히려 평수는 이층집보다 더 넓어 보였다. 집 구경을 마친 아저씨들은 입이 귀에 걸려 엄마와 아빠에게 절까지 했다.

숙이는 2층에 방이 생겼다. 이제 도훈이와 방을 따로 쓴다고 생각하니 절로 웃음이 나왔다. 혼자 방을 쓰면 심심할 수도 있겠지만 부모님께서는 이제 곧 중학생이 될 숙이에게도 이런 방 하나쯤은 있어야 한다고 생각하신 모양이었다. 무엇보다 널따란 마당이 있어서 숙이와 도훈이는 너무 신이 났다.

"도훈아, 우리 아빠 너무 멋지지?"

"응, 누나. 우리 아빠가 최고야. 엄마도!"

숙이와 도훈이가 모처럼 다정하게 손을 잡고 집안 구석구석을 뛰어다녔다.

"점심 드세요!"

엄마가 현관문을 열고 마당을 향해 소리쳤다.

"야호!"

도훈이가 앞장서 뛰어 들어가자 부모님과 아저씨들, 그리고 숙이도 뒤따라 들어갔다.

"이사 온 날은 자장면 먹으면 되는데 언제 이렇게 장만했어? 고생했어요, 여보."

"새로운 식구들과 함께하는 첫 식사잖아요. 맛있게 드세요."

"너무 맛있습니다, 사모님."

"최고예요."

"정말 꿀맛이에요."

"감사합니다!"

아저씨들은 하나같이 엄마의 정성에 감동하신 것 같았다.

"가족끼리는 감사하다는 말 그렇게 자주 안 해도 돼. 허허!"

아빠의 말 한마디에 다시 웃음꽃이 피어났다.

"가족……."

막불 아저씨가 혼잣말로 '가족'이라고 중얼거렸다. 아저씨는 오늘따라 유독 말이 없었지만 얼굴에는 행복한 표정이 가득 넘쳐났다. 사랑하는 가족과 정든 고향을 떠나 낯선 외국 땅에서 일하며 지낸다는 것이 얼마나 외롭고 힘든 일인지 어린 숙이도 어렴풋이 알 것 같았다. 그리고 숙이는 막불 아저씨에게서 젊은 날의 아빠 모습이 떠올라 눈시울이 붉어졌다.

2 눈물의 호박죽

숙이가 학교에서 대청소를 하고 집에 오니 벌써 5시가 다 되었다. 도훈이는 컴퓨터 게임에 몰두해 있어 누나가 온 것도 알아차리지 못했다.

"엄마는?"

숙이가 문을 열고 고개만 내민 채 물었다.

"깜짝이야!"

도훈이가 화들짝 놀랐다.

"왜 놀라고 그래? 너 또 게임 하지? 엄마 어디 가셨어?"

"시장 가셨어. 친구 분들이랑."

도훈이가 귀찮다는 듯 모니터에만 시선을 고정한 채 대답했다. 숙이는 숙제를 마친 뒤 하릴없이 거실 유리창에 기대어 서 있었다. 이사 온 후부터 숙이에게는 창밖을 구경하는 버릇이 생겼다. 창밖 멀리 산과 논, 울창한 나무숲 등이 시야에 들어와 은근히 구경거리가 많았다.

밖은 점점 어두워졌지만 엄마는 돌아오지 않았다. 따르르릉……전화벨이 울렸다.

"여보세요?"

"숙아, 엄마야. 엄마 지금 친구들 만나고 있는데, 점심은 먹었니?"

"아니요, 도훈이랑 지금 챙겨 먹을게요. 오랜만에 친구 분들 만나셨는데 즐거운 시간 보내세요."

"응, 고맙구나. 잘 부탁할게."

"네, 엄마. 걱정 마세요."

전화를 끊은 후 창밖을 내다보고 있던 숙이는 마당으로 누군가 들어서는 것을 보았다.

"누구지?"

숙이가 어둠을 뚫고 자세히 들여다보는데 아저씨들 방으로 누군가 들어가는 것이 보였다.

'아직 올 사람이 없는데……'

갑자기 두려워진 숙이는 아저씨 방으로 갈지 말지 갈등이 되었다.

'도둑이면 어떡하지? 도훈이를 데리고 갈 수도 없고……'

거실을 왔다 갔다 하며 고민하던 숙이는 한번 가 보기로 했다. 무섭기는 했지만 도저히 궁금해서 견딜 수가 없었다. 조용히 현관문을 열고 나가 마당을 가로지른 숙이는 아저씨들 숙소 처마 밑에 다다르자 어떤 방에 불이 켜진 것을 보았다. 그 방은 막불 아저씨가 자는 방이었다.

'아저씨가 인사도 안 하고 곧장 방으로 들어갔을 리는 없는데……'

숨을 죽이고 귀만 쫑긋 기울이고 있는데 갑자기 기침 소리가 들려왔다.

"콜록 콜록 콜록……"

누군가 몹시 아픈지 끙끙 앓고 있는 모양이었다. 숙이는 곧 두려움이 가시고 아픈 아저씨가 누구인지 걱정되어 살며시 문을 열어 보았다.

"아저씨."

숙이가 나지막이 불러 보았으나 안쪽에서는 아무런 기척도 없었다. 숙이가 다시 용기를 내어 힘껏 방문을 열어젖혔다. 방에는 겉옷도 벗지 않고 이불도 없이 맨바닥에 누워 있는 막불 아저씨의 모습이 보였다.

"아저씨!"

숙이가 아저씨를 흔들었다.

"숙⋯⋯."

뒤를 돌아다본 아저씨의 눈꺼풀이 반은 닫혀 있었다. 목소리도 개미 소리만 했다.

"아저씨, 어디 아프세요? 감기 걸리신 거예요?"

숙이가 아저씨를 일으켜 보려 했지만 아저씨는 대답할 힘도 없으신지 눈만 감은 채 자리에서 일어나지 못했다. 아저씨의 이마를 짚어 보니 열이 펄펄 끓고 있었다. 숙이는 허둥지둥 다시 집으로 들어와 아빠에게 전화를 걸었다.

"뭐? 감기 몸살이라고 해서 들어가 쉬라고 했더니 약도 안 사먹고 그냥 간 게로군. 그래, 아빠가 지금 갈게."

전화를 끊자마자 숙이는 물수건을 만들어 다시 아저씨에게 갔다. 도훈이도 컴퓨터를 켜 둔 채 누나를 따라왔다. 열이 날 때는 옷을 얇게 입어야 한다는 데 생각이 미친 숙이는 아저씨의 두꺼운 겉옷부터 벗겼다. 도훈이도 낑낑대며 누나를 도왔다.

"아저씨, 죽지 마."

도훈이가 눈물까지 글썽이며 심각하게 아저씨에게 말했다. 겁을 잔뜩 집어먹은 모양이었다.

"아저씨 괜찮으실 거야. 도훈이가 아팠을 때도 엄마가 이렇게 해 주셨잖아. 아저씨는 곁에 가족이 없으니까 우리가 대신 돌봐 드리는 거야. 아니, 이제 우린 한 가족이야."

숙이는 어른처럼 동생에게 의젓한 태도로 말하고 있었다. 30분쯤 지나니 아빠가 약을 사 갖고 들어오셨다. 엄마도 연락을 받았는지 시장바구니를 들고 부랴부랴 뛰어 들어오셨다. 아저씨가 약을 드시고 기운을 차릴 때까지 모두 자리를 떠나지 않고 아저씨 곁을 지켜 주었다. 막 10시가 넘었을 때 마침내 아저씨가 자리에서 부스스 일어나셨다.

"죄송합니다. 괜히 저 하나 때문에 온 가족이 고생이네요. 이제 괜찮아요, 고맙습니다. 아크, 우크르."

"아크, 우크르? 그게 무슨 뜻이에요?"

"우리 이슬람교를 믿는 사람들은 형제애를 아주 중요하게 생각해. '아크'는 형제란 뜻이고, '우크르'는 자매란 뜻이야. 가족처럼 대해 주셔서 너무 감사합니다."

숙이는 막불 아저씨께서 숙이네 가족을 형제자매라고 불러 준 것이 너무 기뻤다. 그때 아빠께서 말씀하셨다.

"숙아, 아빠 회사에서 함께 일하시는 분들 대부분이 이슬람교를 믿고 있는데 모두들 한 가족같이 따뜻하게 지낸단다. 이슬람은 민족이나 국가, 지연, 혈연에 관계없이 '이크워'라고 하는 형제애를 강조하고 있어. 불교는 '자비'를, 기독교는 '박애'를 상징으로 한다면 이슬람교는 '형제애'가 상징이란다. 평등이나 소박성으로도 설명이 되는 이슬람의 보편성과 세계성은 이슬람교의 범세계적 확산을 가져온 주요 요인 중 하나란다."

"가족끼리는 고맙다는 말, 미안하단 말 안 하는 거랬잖아요."

숙이가 아빠 말투를 흉내 내며 말했다.

"숙이 말이 맞다. 자네도 우리를 가족처럼 생각하고 편하게 지내게. 혼자서만 그렇게 또 끙끙대면 그땐 정말 나한테 혼날 줄 알아."

아빠가 먼저 일어나 마당으로 나갔고 엄마와 도훈이도 뒤따라 나갔다. 숙이는 아저씨 이마 위에 있던 물수건을 반대편으로 접어 다시 얹어 주고 일어났다.

"숙아, 고맙다."

아저씨의 목소리가 가늘게 떨리고 있었다.

"잘 자요, 아저씨."

숙이가 따뜻하게 웃으며 뒤돌아섰다. 아빠는 피곤하셨는지 곧바로 방으로 들어가 주무셨고 엄마도 샤워를 한 뒤 방으로 들어가 버렸다. 도훈이는 엄마 곁에서 잠이 들었는지 조용했다. 숙이는 조심조심 냉장고 문을 열었다.

"저번에 본 것 같은데……."

냉장고를 뒤지던 숙이는 지난번에 먹다 남은 반절짜리 단호박을 찾아냈다.

"여기 있다."

랩으로 싸여 있어 그런지 단호박이 아직 싱싱했다.

"근데…… 뭐부터 해야 하지?"

숙이는 행여 자신이 부엌에서 내는 소리에 가족들이 깰까 조용조용히 움직였다. 우선 요리책부터 찾았다.

"호박죽 만들기라······."

숙이가 만드려는 것은 호박죽 요리였다. 아픈 막불 아저씨께 드리기 위해서였다. 책에 나와 있는 대로 호박을 통째 솥에 찐 다음 속만 발라내어 다시 물을 붓고 끓였다. 생각보다는 간단했다. 눌지 않게 나무 주걱으로 쉬지 않고 살살 저어 주었더니 정말 그럴싸한 호박죽이 완성되었다. 마트에서 포장해 파는 호박죽보다 훨씬 더 먹음직스러워 보였다.

그릇에 담아 가지고 가려니 벌써 11시가 넘은 시간이었다. 아저씨는 주무시고 계실 것 같았다. 다른 아저씨들은 야근을 하시는지 아무런 기척도 없었다. 숙이는 방문 앞에 조용히 그릇을 내려놓고 쪽지 하나를 적었다.

막불 아저씨, 이거 드시고 얼른 기운 차리세요.
제가 직접 만든 거예요.

-숙-

숙이의 인기척에 깼는지 막불 아저씨가 금세 방문을 열었다. 숙

이가 현관문을 열고 나간 직후였다. 아저씨는 쪽지를 보고는 얼른 그릇 뚜껑을 열었다. 그릇에 담긴 호박죽을 본 아저씨의 눈에 이내 눈물이 핑 돌았다. 아저씨는 한 숟가락씩 호박죽을 떠먹기 시작하더니 어느새 입맛을 되찾았는지 단숨에 호박죽을 해치워 버렸다.

무슨 일인지 아저씨의 어깨가 들썩거리며 숨이 점점 가빠졌다. 갑자기 아저씨의 눈에서 눈물이 비 오듯 쏟아지더니 어느새 엉엉 소리 내어 울고 있었다.

숙이 방에서도 아저씨의 울음소리가 들려왔다. 그러나 설마 막불 아저씨의 울음일 거라고 짐작하지 못한 숙이는 너무 피곤한 나머지 그대로 곯아떨어져 잠 속으로 빠져들었다.

3 별난 가족의 소풍

아빠 회사의 창립 기념일에 숙이네 가족은 집 근처에 있는 화랑 유원지로 소풍을 갔다. 아저씨들은 물론 목사님까지 함께한 대가족 소풍이었다.

"안산에 이런 곳이 다 있었구나. 아빠가 너무 바빠서 함께 놀러 다니지도 못했는데…… 앞으로는 자주 다니자."

"네!"

숙이와 도훈이가 큰 소리로 대답하고는 앞장서서 마구 뛰어갔다. 막불 아저씨도 아이들을 따라 뛰어왔다.

"아저씨, 이제 아프지 마요."

도훈이가 말끝을 올리며 애교스럽게 말했다.

"그래, 우리 숙이랑 도훈이 덕분에 아저씨 이제 안 아파. 정말 고마워."

숙이와 도훈이는 아저씨의 손을 한쪽씩 잡고 신나게 뛰어다녔다. 탁 트인 공간에서 가족 모두가 편안하게 여유를 즐겼다. 도시에서는 좀처럼 볼 수 없는 푸근한 풍경에 아저씨들도 행복한 마음을 감추지 못했다. 엄마가 싸 온 김밥 도시락은 그야말로 환상 그 자체였다.

"엄마, 김밥 집 차려도 되겠어요."

숙이가 엄지손가락을 치켜들며 말했다.

"그럼 우리 만날 김밥 실컷 먹겠네."

도훈이가 입 안 가득 김밥을 오물거리며 들떠서 맞장구를 쳤다.

"실은 이슬람교 사람들은 만날 테러만 일으키는 줄 알았거든요. 근데 아저씨들을 보면 전혀 그럴 분들이 아니에요. 아저씨들도 다 이슬람교 신도들이잖아요."

숙이가 무심코 내뱉은 말에 아저씨들 얼굴이 조금씩 굳어졌다.

앗쌀라무 알레이쿰~

아저씨들은 뭔가 말은 하고 싶은데 우리말로 표현하기가 어려운지 눈썹을 찌푸리며 김밥만 드셨다.

"이슬람교 사람들도 평화를 원해. 우리를 먼저 해하지 않으면 우리도 절대 해치지 않아."

막불 아저씨가 어렵게 정리해서 또박또박 말했다.

"그건 아저씨 말이 맞아. 세상 어디에 전쟁과 테러를 좋아하는 사람이 있겠니?"

아빠도 고개를 끄덕이며 아저씨 말에 동의했다.

"하지만 죄 없는 민간인들이 테러 때문에 많이 죽는 건 사실이잖아요. 그럼 안 되죠."

엄마가 젓가락을 들고 흥분해서 말했다.

"그건 종교 싸움이 아니에요. 그것 때문에 모든 이슬람교 사람들을 미워해선 안 돼요. 이슬람교 사람들 모두가 그렇지는 않다고요."

이번에도 막불 아저씨는 단어 하나하나를 어렵게 떠올리는 듯 간신히 말을 이었다. 그때 옆에서 묵묵히 지켜만 보시던 목사님께서 말씀하셨다.

"이슬람교에서 가장 보편적인 인사말은 '앗쌀라무 알레이쿰'이에요. 이는 '당신께 평화가 깃드소서'라는 뜻입니다. 평화는 이 슬람의 가장 핵심적인 교리이지요. 이슬람의 평화는 적극적 평화와 소극적 평화로 나눌 수 있어요."

"그게 무슨 말이에요?"

엄마가 물었다.

"이슬람교의 확대를 통해 이슬람 공동체가 형성되면 평화는 자연스럽게 뒤따라온다는 것이 적극적 평화이고, 전쟁의 위협과 공포 등으로부터 인간을 자유롭게 하는 것이 소극적 평화의 의미지요. 이슬람은 평화주의적 입장을 견지하지만 단지 맹목적으로 평화를 주장하지는 않아요. 용서와 인내로써 전쟁의 가능성을 최소화하고 평화의 가능성을 최대화해야 한다는 것으로, 이슬람의 평화관은 이상적 현실주의라고 할 수 있지요. 그러나 그것이 불가능해질 때만 전쟁이 허용되는 거예요. 남들이 먼저 공격해 오는데 가만히 당하고만 있으면 곤란하잖아요."

"맞아, 그럼 다 죽지!"

"가능하다면 평화로운 방법으로 사태를 해결하고 불가피한 경우에만 폭력적 수단을 허용하도록 하고 있는 거야."

아빠의 설명이 끝나자 모두들 고개를 끄덕였다. 도훈이는 잘 알지도 못하면서 괜히 박수까지 쳤다. 하지만 숙이는 왠지 어색하고 낯선 낱말들이 머릿속을 마구 헤엄쳐 다니는 것처럼 어지럽기만 했다. 그렇지만 이슬람교 사람들도 다른 종교인들처럼 평화를 원한다는 사실만은 귀에 쏙 들어왔다.

그 말에는 의심의 여지가 없었다. 인간이라면 누구나 평화롭게 살기를 원한다는 것쯤은 알고 있었으니까…….

점심으로 김밥을 맛있게 먹고 난 뒤에는 다 같이 족구 시합을 했다. 점심을 먹으며 나누었던 이야기들 때문에 잠시 경직되었던 가족들 얼굴에도 다시 웃음꽃이 피었다. 서로 대화하려는 마음을 갖고 끊임없이 노력한다면 상대편을 이해하고 배려하는 마음을 더 많이 갖게 될 거라고 숙이는 어렴풋이 생각했다.

아빠와 아저씨들뿐 아니라 엄마와 숙이, 도훈이도 함께 족구를 했다. 도훈이가 계속 헛발질하는 모습이 하도 우스워 모두들 많이 웃었던, 즐거운 시간이었다.

족구로 쏟은 땀을 식히고 난 뒤 얼마 전 개관한 미술관 구경을 갔다. 규모가 매우 큰 미술관이었다. 인공 연못 옆으로 건물을 세우고 건물 전면을 유리로 장식해서 미술관 건물을 구경하는 것만도 꽤 흥미로웠다. 안으로 들어가니 근사한 현대 미술품들이 전

시되어 있었다. 잘 이해는 되지 않았지만 그림들을 바라보고 있으니 이런저런 생각들이 꼬리에 꼬리를 물고 이어졌다.

숙이는 좀 전에 점심을 먹으며 자기가 느닷없이 던진 말이 아저씨들의 기분을 상하게 하지는 않았을까 마음이 쓰였다. 김밥을 먹다가 갑자기 왜 테러 이야기가 생각났는지 자기도 모를 일이었다. 막불 아저씨만 봐도 알 수 있지만 이슬람교 사람들도 마음 따뜻하고 예의 바르며 원칙을 중요시하는 것 같았다.

"역시 사람은 겪어 봐야 아는 거야. 잘 알지도 못하면서 이러쿵저러쿵하면 안 돼."

숙이는 혼잣말을 하며 무릎을 탁 쳤다. 그림 구경을 마친 가족들은 미술관에서 나오자 한데 모여 시끌벅적하게 떠들었다. 미술관에서 조용조용 구경하느라 여간 답답한 게 아니었다.

"공장만 잔뜩 있는 줄 알았는데, 여기 안산 참 좋은 곳이네요."

막불 아저씨가 감격해서 말했다. 다른 아저씨들도 박수까지 치며 맞장구를 쳤다.

"자, 이제 집으로 돌아가서 맥주나 한잔하자고."

"오케이."

"야호!"

숙이는 아저씨들과 함께 즐거운 시간을 보내서인지 아저씨들이 정말 한 가족 같다고 생각됐다. 다른 사람들이 숙이네 가족을 힐금힐금 쳐다보면서 신기해했다. 숙이는 그런 시선들이 싫지 않았다. 오히려 너무 행복하다고 느꼈다.

마호메트의 생애와 사상

탄생과 이름

마호메트는 570년에, 가난한 자들을 착취하고 우상 숭배와 부패 향락에 깊이 물들어 있던 이슬람의 성지 메카에서, 귀족 가문의 유복자(태어나기 전에 아버지를 여읜 자식)로 태어났습니다.

마호메트의 할아버지가 지어 주신 이름 'Muhammad'는 오늘날 '무함마드' 또는 '무하마드'라고 발음하는 것이 보통이지만, 이미 오래전부터 마호메트로 발음해 왔습니다. 한편 마호메트가 태어나기 전에 그의 어머니는 'Ahmad아흐마드'라는 이름을 지어 놨습니다. 이슬람의 경전《코란》에도 두 가지 이름이 모두 나오는데, 같은 어원에서 나온 것으로 '현세와 내세에서 찬양·찬미를 받을 자'라는 뜻을 담고 있습니다.

주요 사상

유일신 알라에 절대복종함으로써 평화에 이른다는 뜻이 고스란히

담긴 이름 '이슬람'에서도 알 수 있듯이, 이슬람을 창시한 마호메트의 사상은 유일신을 따름으로써 얻는 평화인 '성스러운 평화'가 궁극적 목표입니다. 또한 그 실천적 바탕은 '형제애와 평등사상'입니다.

아랍 지역 사람들은 전통적으로 사막이라는 열악한 환경에서 가난하고 힘겹게 살았으나, 부족 단위로 종교를 믿으며 환경적 공포를 이겨 내는 등 평화롭게 지냈습니다. 그런데 6세기 들어 주변의 정세가 변화하면서 페르시아와 비잔틴 제국 사이에 낀 아라비아의 메카가 크게 번성해 여러 부족들이 몰려들면서 각자의 종교와 우상들을 믿는 다신교 환경이 조성되었습니다.

그중에는 우상 숭배를 교묘히 이용해 불평등한 억압과 횡포를 부리는 소수 지배 부족들도 있었습니다. 이에 대한 마호메트의 반성이 종교적으로는 유일신 사상으로, 정치적으로는 형제애에 바탕을 둔 평등사상으로 나타나게 됩니다. 또한 그 실현으로 세우고자 했던 것이 '움마(Ummah)'라는 거대 이슬람 공동체로서, 부족 단위 시절의 형제애에 바탕을 둔 공동체적 평화를 여러 부족 간에도 고스란히 유지하고자 했던 것입니다.

더불어 마호메트가 몸소 전투에 앞장선 행적과 현세를 중시하는 이슬람 정신은 그의 '실천 정신'과도 일치합니다. 실천을 강조하고 솔

선수범함으로써 믿음과 실천을 분리하지 않는 이슬람 정신을 마호메
트는 모범적으로 실천했던 것입니다. 흔히 '성전(聖戰)'이라고 편협
하게 해석해서 많은 오해를 낳는 이슬람의 '지하드(jihad)'라는 것
도 실은 그의 실천 사상에 따르는 가장 적극적인 노력에 불과한 것
입니다.

마호메트에 대한 신앙 중립적 평가

마호메트가 부족 간 분쟁을 조정하고 공정한 중재로 평화를 회복시
키는 과정에서 보여 준 평화주의자로서의 위대한 진면목은 그가 '굴
욕'까지도 감수했다는 점입니다.

목적의 위대함, 수단의 간소함, 결과의 놀라움 이 세 가지를 모두
최고로 이룬 유일한 인간인 마호메트는 카이사르와 교황의 성격을
함께 지녔습니다. 교황이지만 허례허식이 없는 교황이었으며, 카이
사르이지만 전설이 없는 카이사르였던, 역사상 종교적, 세속적인 모
든 면에서 가장 훌륭한 평가를 받았던 사람입니다.

4

아름다운 이별

 인내는 만족의 열쇠이다. 참고 견디면 만족스러운 대가를 얻는다.

—마호메트

1 경찰, 들이닥치다

막불 아저씨는 벌써 한 달 가까이 금식 중이시다. 숙이는 아저씨가 걱정되어 아빠에게 어찌 된 일인지 물었다. 아빠는 이슬람교도들은 이렇게 일 년에 한 번씩 금식을 한다고 하셨다.

"아저씨, 아무것도 안 드시면 힘없어서 큰일 나세요. 그러다 쓰러지기라도 하면 어떡해요."

"숙, 괜찮아."

아저씨는 해가 지고 난 뒤에 숙이가 가져오는 간식거리를 함께 나눠 드시기도 했지만 그래도 아저씨가 너무 걱정되었다. 요즘 아저씨는 무릎이 좋지 않아 웬만해선 야근을 하지 않고 다른 아저씨들보다 일찍 집에 돌아오셨다. 아저씨에게는 죄송하지만 도훈이와 숙이는 아저씨 무릎이 천천히 나았으면 좋겠다고 생각했다.

그런데 일찍 퇴근한 날에도 아저씨는 이상하게 바깥출입은 거의 하지 않았다. 숙이는 날씨가 추워져서 그런 거라고 혼자서 짐작했다.

"밖에 아무도 없지?"

숙이가 슈퍼에 가서 아이스크림을 사 왔을 때였다. 아저씨는 누군가에게 쫓기는 사람처럼 주변을 두리번거리며 숙이에게 조용히 물었다.

"아무도 없는데요, 왜요?"

아이스크림 포장을 뜯으며 숙이가 되물었다.

"아니야. 아무것도…… 숙아, 아저씨 가서 좀 누워 있어야겠다. 문 잠글 테니까 아저씨 방에 오고 싶으면 전화하고 와. 알았지?"

"네? 문은 왜 잠가요? 전화는 또 뭐 하러…….."

아저씨는 숙이 말도 끝까지 듣지 않고 어깨를 축 늘어뜨린 채 천천히 밖으로 나갔다.

"누나, 아저씨 거 내가 더 먹을래."

도훈이가 또 욕심을 부렸다.

"안 돼. 추운데 아이스크림을 두 개씩이나 먹으려고?"

숙이는 아이스크림을 냉동실에 집어넣었다. 아빠와 엄마는 동창 모임에 갔다가 저녁 늦게 돌아오셨다. 도훈이를 재워 놓고 숙이는 텔레비전을 보고 있었다.

"너 아직도 안 잤니?"

엄마가 신발을 벗으면서 숙이를 흘겨보았다.

"아빠한테 물어볼 게 있어서요."

졸린 눈을 비비며 숙이가 아빠에게 다가갔다.

"뭔데?"

"막불 아저씨 말이에요……."

"아저씨가 왜?"

아빠가 소파에 걸터앉았다.

"왜 금식하시는 거예요? 아저씨 쓰러지실 것 같아요."

"이슬람교를 믿는 무슬림들에게는 실행해야 할 중요한 다섯 가지 의무가 있는데 그것을 '오행'이라고 한단다. 이 의무를 다함으로써 알라의 뜻에 충실히 따르게 되는 거야. 오행 중 하나인 금식은 이슬람력 9월인 라마단 한 달 동안, 해 뜰 때부터 해 질 때까지 먹거나 마시는 것을 일체 금하는 무슬림들의 의무란다. 또한 이때는 과격한 말도 삼가고 가능한 한《코란》만을 독송하는 것을 무척 중요한 의무로 여기지. 금식은 알라에 대한 순종과 그의 은총에 대한 감사를 표하는 정신적 훈련이며, 사회적으로는 가난하고 배고픈 사람, 약한 사람에 대한 동정은 물론 모든 무슬림들의 연대 의식과 평등 의식을 권장하는 집단 훈련이란다. 또 배고픔과 목마름을 이겨 내는 육체적 훈련이기도 하지. 따라서 금식은 무슬림들의 고유문화이니 자꾸 음식을 권하는 건 그분들에 대한 예의가 아니란다, 숙이야. 아저씨를 걱정하는 우리 숙이의 마음은 참 예쁘지만 그 사람들의 종교도 우리가 존중해 줘야 해. 그게 서로를 진심으로 이해하는 거란다.”

“근데요, 또…… 요즘 막불 아저씨가 좀 이상해 보여요. 누군가에게 막 쫓기는 사람 같아요. 왜 그런지…… 아빠는 아세요?”

숙이가 걱정스러운 듯한 얼굴로 물었다.

“아, 실은 막불 아저씨가 이제 곧 파키스탄으로 돌아갈 때가 되었거든. 우리나라에 머물 수 있는 기한이 지나서 더 있으면 불법 체류자가 되는 거야. 근데 아저씨는 아직 갚을 빚도 많이 남았고,

고향에 가면 돈벌이할 만한 게 없어서 계속 여기 남고 싶어 해. 경찰이랑 출입국관리소 직원들이 불법 체류자들을 찾고 있어서 아저씨가 불안해하는 거야."

아빠가 사뭇 진지한 얼굴로 대답했다.

"헉, 정말요? 그럼 어떡해요? 우리 아저씨 잡아가면 어떡해요?"

숙이가 발을 동동 굴렀다.

"경찰들에게 잡히면 강제로 추방당하게 될 거야. 아빠도 요즘 그게 고민이야. 막불 아저씨 같은 사람은 마음씨도 착하고 성실하고…… 웬만한 우리나라 사람들보다 일도 더 잘해. 그런 사람 놓치면 아빠도 아깝고 섭섭하지. 무슨 좋은 방법이 없을까 고민이란다. 당장은 경찰 눈에 띄지 않고 조금이라도 시간을 벌었으면 좋겠는데 말이지."

숙이는 잠이 오지 않았다. 가족처럼 지냈던 막불 아저씨가 갑자기 파키스탄으로 돌아가고 나면 얼마나 허전할까 걱정됐기 때문이다. 아니 그보다도 아저씨네 가족들은 뭘 먹고살지가 더 걱정이었다.

'제발 경찰들이 아저씨를 잡아가지 말았으면……'

숙이는 밤마다 진심으로 기도 드렸다.

시간이 흘러 어느새 봄이 오고 있었다.

겨울 방학이 이틀밖에 남지 않은 어느 날이었다. 숙이는 방학이 끝나기 전에 아빠 회사에 한 번 더 놀러 가기로 했다. 도훈이는 시골 외가댁에 가 있고 친구들도 다 바쁘다고 해서 혼자 가기로 했다. 마침 엄마 심부름으로 아빠에게 가져다 드릴 것도 있었다.

버스에서 내린 숙이가 회사 쪽으로 걸어가고 있는데 가죽점퍼를 입은 키 큰 아저씨들 여럿이서 전봇대에 기대어 담배를 피우고 있었다. 숙이는 왠지 무서운 생각이 들어 고개를 숙이고 발걸음을 재촉하여 아저씨들을 지나쳤다.

"창문으로 뛰어내리지 못하게 잘 지켜야 해."

아저씨들이 소곤거리면서 숙이네 아빠 공장을 주시하고 있었다.

'도대체 누가 창문으로 뛰어내린다는 거지?'

회사에 도착하니 여느 때처럼 사람들이 분주히 일하고 있었다. 이제 숙이는 아빠 회사에 와도 아빠는 찾지도 않았다. 막불 아저씨부터 찾아 아저씨랑 놀다가 뒤늦게 아빠에게 인사를 하러 갔다. 그래서 사람들은 숙이가 오면 막불 아저씨에게 이렇게 말하곤 했다.

"어이, 자네 딸 찾아왔어."

그러면 막불 아저씨도 이렇게 대답했다.

"어이쿠, 우리 딸! 잘 왔어. 어서 와."

숙이는 사람들의 장난이 기분 나쁘지 않았다. 어느 땐 아저씨를 아빠라고 부르고 혹은 작은아빠라고도, 삼촌이라고도 불렀다.

"혼자 오느라 심심했지?"

아저씨가 숙이의 머리를 쓰다듬으며 말했다.

"심심하진 않았는데, 조금 무서웠어요."

"왜?"

"길가에 이상한 사람들이 서 있어서……."

"겁쟁이."

아저씨가 숙이의 말을 대수롭지 않게 흘려들었다. 그래서 숙이도 더 이상 말하지 않았다.

"사장님은 오후 늦게 들어오실 거야. 대구에 가셨거든."

아저씨가 친절하게 설명해 주었다.

"집에서 보면 되지요, 뭐. 난 아저씨랑 노는 게 더 재밌어요."

아저씨가 코를 찡긋하며 웃었다.

"아저씨도 집에서 보잖아. 오늘은 바빠서 많이 못 놀아 줘. 아깐 화장실 갈 시간도 없었어."

아저씨가 시계를 쳐다보며 말했다.

"알았어요, 저도 집에 가서 밀린 방학 숙제 해야 돼요. 아빠 사무실에 엄마가 주신 거 놓고 갈게요."

숙이가 아저씨에게 인사를 하고 돌아섰다.

"멀리 안 나갈게."

아저씨가 아쉬워하며 공장 안으로 들어갔다. 아빠의 사무실에 들러 엄마가 부탁한 물건을 두고 막 정문을 빠져나오던 숙이는 좀 전에 길에서 보았던 가죽점퍼 차림의 아저씨들이 회사 안으로 들어서고 있는 것을 보았다. 옆으로 스쳐 지나가는데 기분이 영 좋지 않았다.

"빨리들 움직이라고."

대장 같은 아저씨가 행여 누가 들을까 조용히 말했다.

"네."

나머지 아저씨들이 일제히 굵은 목소리로 짧게 대답했다. 숙이는 왠지 모르게 불길한 예감이 들었다.

'뭐 하는 사람들이지?'

이상한 기분이 든 숙이는 다시 정문으로 들어와 그 아저씨들을 따라 공장 안으로 들어갔다. 그저 평범한 손님 같지는 않았기 때문이다. 그런데 갑자기 아저씨들 걸음이 점점 빨라지더니 공장 안으로 들어가는 문을 발로 쾅 열고는 재빨리 들어가 흩어졌다. 발로 문 여는 소리가 하도 커서 숙이는 화들짝 놀랐다.

"잡아라!"

공장 안으로 들어간 가죽점퍼들이 사람들 사이를 헤집고 외국인 아저씨들을 하나씩 잡기 시작했다. 막불 아저씨가 도망치는 모습이 숙이의 눈에 들어왔다.

"경찰…… 이었어."

숙이가 문 앞에 서서 넋을 잃고 중얼거렸다. 막불 아저씨를 비롯한 다른 외국인 아저씨들이 사방으로 흩어져 달아났다. 공장 안이 넓어서인지 쫓고 쫓기는 시간이 계속됐다. 그때였다. 키 작은 인도 아저씨가 갑자기 창문 위로 올라섰다. 뛰어내릴 태세였다.

"안 돼요, 3층이란 말이에요!"

숙이가 크게 소리쳤지만 공장 안이 워낙 시끄러워 들리지 않았다. 일하고 있던 많은 사람들이 창문 쪽을 가리키며 몰려들어 공장 안은 순식간에 아수라장이 되었다. 인도 아저씨는 눈을 찔끔 감더니 창문을 열어 몸을 던졌다.

"으악!"

창밖에서 사람들이 비명을 질렀다. 도망치던 아저씨들은 다리에 힘이 풀렸는지 하나 둘 잡히기 시작했다. 막불 아저씨도 구석으로 몰렸다가 결국 경찰에게 잡히고 말았다. 숙이의 가슴이 철렁 내려앉았다.

"아저씨, 미안해요. 제가 눈치가 조금만 더 빨랐다면 아저씨가 잡히지 않았을 텐데⋯⋯."

막불 아저씨는 멍한 표정으로 인도 아저씨가 떨어진 쪽을 계속해서 뒤돌아보았다. 경찰이 아저씨들을 붙잡아 밖으로 나갈 때까지 숙이는 그 자리에 멍하니 서 있을 수밖에 없었다. 막불 아저씨는 문 앞에 서 있는 숙이를 보고도 아무 말도 하지 않았다. 숙이가 흐르는 눈물을 닦으며 아저씨를 따라 회사 마당으로 걸어 나왔다.

"죽었습니까, 살았습니까?"

막불 아저씨가 비로소 입을 열었다. 경찰에게 인도 아저씨의 상태를 묻는 말이었다. 인도 아저씨가 뛰어내린 곳에는 사람들이 잔뜩 몰려 있었다. 소방차와 구급차도 와 있었다. 아저씨가 많이 다쳤을지 걱정되었지만 숙이는 너무 두려워 근처에도 가지 못했다.

구급차가 떠나고, 막불 아저씨를 비롯한 다른 아저씨들이 경찰차를 타고 사라질 때까지 숙이는 마당 한가운데 서서 꼼짝도 하지 못했다. 멀리서 아빠의 자동차가 정문을 향해 달려오고 있는 것이 보였다.

2 막불 아저씨, 안녕!

아빠와 집에 돌아온 숙이는 며칠 동안 고열에 시달렸다. 끔찍한 광경들을 한꺼번에 눈앞에서 목격한 숙이가 충격을 받은 것이다. 개학을 했는데도 학교에 가지 못했다.

"내일은 학교에 갈 수 있겠지?"

엄마가 숙이 이마 위에 있던 물수건을 갈며 말했다.

"엄마……."

숙이가 마침내 입을 열었다. 며칠 만에 처음으로 말하는 것이었다.

"그래, 말해 봐."

엄마가 반가워하며 말했다. 숙이가 몸을 반쯤 일으켰다.

"막불 아저씨는?"

숙이가 힘없이 물었다.

"아직 안 오셨어. 조사받고 계셔."

엄마가 숙이 손을 잡으며 대답했다. 숙이 얼굴이 다시 어두워졌다.

"나 때문이야. 바보같이 눈치도 없이……."

숙이가 눈을 질끈 감았다.

"그런 말 하지 마. 네 잘못 아니야. 어차피 아저씨는 한국에 오래 계실 수 없어."

엄마가 숙이를 다독거렸다.

"참, 그 인도 아저씨는 어떻게 됐어?"

"응, 병원에서 치료받고 있대. 생명에는 지장이 없지만 그래도 많이 다쳤어. 치료가 다 끝나면 인도로 돌아가게 될 거야. 그러게 왜 높은 데서 뛰어내려서 귀중한 몸까지 망쳐. 쯧쯧."

엄마가 무거운 표정으로 길게 한숨을 내쉬었다. 아저씨들을 가족처럼 생각했던 엄마도 상심이 이만저만이 아니셨던 모양이다.

"너라도 어서 나아야지…… 개학도 했는데 이러고 있으면 어떡하니? 네가 엄마 걱정 하나만이라도 덜어 주렴."

"알았어요. 내일은 학교에 꼭 갈게요."

숙이는 약을 먹고 다시 깊은 잠 속으로 빠져들었다.

다음 날 아침, 숙이는 몸이 한결 가벼워진 걸 느꼈다.

"학교 다녀오겠습니다."

"그래, 차 조심하고!"

숙이가 책가방을 들고 마당으로 나왔을 때 막불 아저씨가 경찰과 함께 대문으로 막 들어서고 있었다.

"아저씨!"

숙이가 아저씨를 보자마자 계단을 뛰어 내려갔다.

"숙아! 얼굴이 왜 그래? 어디 아팠어?"

그 와중에도 아저씨는 숙이 걱정을 먼저 해 주셨다. 아저씨 목소리를 듣고 엄마도 급히 문을 열고 나왔다.

"어떻게 된 거예요?"

엄마가 아저씨와 경찰을 번갈아 보며 물었다.

"짐 챙기러 왔습니다."

경찰이 짤막하게 설명했다.

"넌 어서 학교에 가야지."

엄마가 숙이의 등을 떠밀었다. 숙이는 가지 않고 버텼다.

"아저씨 가시는 거 보고요."

막불 아저씨께서 본국으로 가신다는 소식을 듣고 오신 목사님께서 숙이의 어깨를 토닥이면서 말씀하셨다.

"숙이야, 막불 아저씨는 지하드를 위해 열심히 한국에서 일하다 고향으로 돌아가는 거니까 너무 슬퍼하지 말거라."

"네, 그런데 지하드가 뭐예요?"

"이슬람교를 전파하기 위해 이슬람교도에게 부과된 종교적 의무로 신앙이나 교리의 전도를 위해 투쟁을 벌이는 것을 의미한단다. 그렇지만 공격적인 성격만을 띠는 것은 아니고 평화를 갈망하는 이슬람교도가 위기에 처했을 때 부득이하게 싸워야 한다는 방위적 성격의 것으로 보고 있어. 지하드는 마음에 의한, 펜에 의한, 지배에 의한, 그리고 또 검에 의한, 지하드로 나눌 수 있어. 막불 아저씨가 실행한 지하드는 마음으로 노력하고 힘쓰는 것으로 볼 수 있는데 개인의 성실하고 진지한 분투를 의미하지. 가족을 위해 이 먼 곳까지 와 노력하면서 힘든 시간을 보내는 것도 지하드라고 할 수 있지. 막불 아저씨는 가족을 비롯한 더 큰 공동체를 위해 이렇게 먼 곳까지 와서 고생하셨던 거야."

숙이 눈에 초조함이 비치더니 이윽고 눈물이 맺혔다. 엄마도 더 이상 학교에 가라고 떠밀지 않았다. 아저씨와 경찰이 아저씨 방으로 들어갔다. 숙이도 따라 들어갔다. 경찰이 지켜보는 가운데 아저씨는 가방을 챙겼다. 한동안 그 모습을 멍하니 지켜보고 있던 숙이가 아저씨를 돕기 시작했다. 서랍 속에 있던 양말들이며 언젠가 숙이가 선물했던 손수건, 숙이와 주고받았던 편지들을 꼼꼼히 챙겨 주었다. 그러는 동안에도 숙이 눈에선 눈물이 끊임없이 솟아났다. 코를 훌쩍거리며 울고 있는 숙이의 눈물을 아저씨가 손으로 닦아 주었다.

"울지 마, 우리 딸. 아저씨가 꼭 편지할게."

가방을 다 챙긴 아저씨는 미련이 남는지 쉽게 일어나지 못하고 한숨만 여러 번 쉬었다.

"나갑시다."

경찰 아저씨가 차갑게 말했다. 숙이는 경찰이 그렇게 미워 보인 적이 없었다. 밖으로 나오니 엄마도 마당 한가운데서 심난한 얼굴로 서 계셨다.

"사모님, 그동안 정말 감사했어요. 건강하세요."

아저씨가 엄마에게 인사하며 눈물 한 방울을 뚝 흘렸다. 엄마는
자꾸 눈만 깜박거렸다.

"몸조심하세요. 꼭 다시 볼 수 있었으면 좋겠어요."

엄마가 아저씨 손을 꼭 잡고 마지막 인사를 건넸다. 숙이는 마
당에 있는 수도꼭지만 뚫어져라 쳐다봤다. 마침내 경찰이 아저씨
를 붙잡고 대문 밖으로 나갔다.

"엄마, 나 학교 갈게요."

숙이가 급히 엄마에게 인사하고 대문 밖으로 아저씨를 따라 나
갔다. 밖에는 경찰차가 기다리고 있었다. 막불 아저씨가 경찰차
에 올라타기 전에 숙이를 한 번 쳐다보았다. 경찰은 운전석에 앉
아 이미 시동을 걸고 있었다.

"숙아, 안녕. 사랑해."

아저씨는 일부러 길게 말하지 않는 듯했다.

"아저씨……."

숙이는 아저씨에게 하고 싶은 많은 말들이 차마 입 밖으로 나오
지 않았다. 경찰이 뒷문으로 가서 아저씨를 차에 태우고 문을 쾅

닫았다. 경찰차는 숙이 옆을 지나쳐 큰길을 향해 서서히 출발했다. 막불 아저씨가 차 뒷문으로 숙이를 내다보며 힘없이 손을 흔들었다. 숙이도 두 손을 흔들어 주었다. 경찰차가 시야에서 완전히 사라질 때까지 숙이는 그 자리에 그대로 서 있었다.

'막불 아저씨, 안녕!'

3 멀리서 날아온 편지

막불 아저씨가 파키스탄으로 돌아가고 한 달의 시간이 지났다.
숙이는 새 학급 친구들과 사이좋게 잘 지냈다. 연주와 정이는 다
른 반이 되었지만 여전히 자주 만났다. 아이들은 가끔씩 막불 아
저씨를 떠올리며 옛날 이야기를 하곤 했다. 아저씨와 함께한 일
들은 벌써 옛일이 되어 갔다. 숙이가 학교에서 돌아왔을 때 마당
에 아빠 자동차가 세워져 있었다.

'일찍 오셨네.'

반가운 마음에 숙이가 얼른 뛰어 들어갔다. 아빠는 엄마와 대화를 나누고 계셨다.

"1970, 80년대 중동에 진출했던 한국의 근로자들이 연 100만 명을 넘었다니까."

아빠가 무릎을 탁탁 두드리며 말했다.

"세상에! 그 정도였어요?"

놀란 엄마가 입을 쫙 벌리며 물었다.

"그 사람들의 근면성 덕으로 아랍인들에게 아주 강한 인상을 남겼었지. 그게 우리 재산이었는데…… 근데 이슬람 지역에 대한 우리나라 사람들의 이해는 아주 후진적이란 말이야. 그만큼 이슬람 지역에 대한 무관심이 심각하다는 거야."

아빠가 미간에 힘을 주며 심각하게 말했다.

"다녀왔습니다."

숙이가 인기척을 했다.

"숙이 왔구나."

아빠가 환하게 웃으며 맞아 주셨다.

"아빠, 막불 아저씨 얘기하고 있는 거예요?"

가방을 내려놓자마자 숙이가 아빠 곁으로 다가가 물었다.

"꼭 그런 건 아니고, 이슬람 지역과도 적극적으로 교류를 해야 한다는 말이야. 이제는 서구 중심적인 시각에서 벗어나 객관적인 사고를 해야 할 때야. 서구적인 것만 옳고, 동양적인 사고는 틀리다는 식의 흑백 논리가 문제야."

조금 어려운 말이었지만 숙이는 아빠 말이 옳다고 생각했다.

"맞아요. 아프리카 하면 야만인, 아랍 하면 테러리스트, 동남아하면 게으르고 더럽다는 식의 생각은 바꿔야 할 것 같아요."

엄마도 깊이 생각한 듯한 표정으로 말했다.

"아빠, 엄마! 저도 이제 외국인 노동자들 보면 도망 안 갈 거예요. 이제 더는 안 무서워요. 그리고 따뜻하게 대해 줄 거예요. 그 사람들이 자기 나라로 돌아가서 한국과 한국인을 좋은 추억으로 떠올릴 수 있게 말이에요."

숙이가 당차게 말했다.

"그래, 우리 숙이가 다 컸구나. 생각도 깊어지고."

아빠가 자랑스러운 눈빛으로 숙이를 바라보았다.

"우리 숙이 같은 아이가 커서 진정한 세계화를 이룰 거라고요. 호호호!"

엄마도 한마디 거들었다. 숙이는 가끔씩 이슬람 사람들이 뉴스에 나오는 것을 보았다. 이란, 이라크, 파키스탄 등 숙이에게는 이미 익숙해진 나라들의 이름이 나올 때면 숙이는 하던 일도 멈추고 텔레비전에 집중했다. 혹시나 막불 아저씨가 나오지 않을까 생각해서였다. 물론 그런 일은 없었지만 말이다.

그런데 텔레비전에서는 그 나라 국민들의 선하고 좋은 모습보다는 여전히 악하고 험상궂은 모습으로만 비치는 듯해 마음이 좋지 않았다. 주로 서로 싸우고, 해치고, 테러를 일으키는 장면들만 나왔던 것이다.

'막불 아저씨 같은 사람들이 모여 사는 나라라면 저렇게 험악한 분위기는 아닐 텐데……'

숙이는 이해가 되지 않아 혼자 중얼거렸다. 그러던 어느 날인가는 이슬람 사람들이 즐겨 먹는 음식들이 텔레비전에 소개된 적도 있었다. 막불 아저씨에게 들은 음식들이 텔레비전에 나오니 정말 반갑고 신기했다.

'나중에 꼭 한 번 아저씨랑 함께 저런 음식들을 먹어 보고 싶었는데……'

숙이는 아저씨의 안부가 무척 궁금했다. 먼저 편지를 한번 써 볼까 했지만 주소를 알지 못했다.

"누나, 편지 왔어."

숙이가 누워서 텔레비전을 보고 있는데 도훈이가 한 손에 우편물을 들고 허둥지둥 뛰어 들어왔다.

"나한테?"

가까이 가서 보니 정말 숙이 앞으로 온 편지였다. 삐뚤삐뚤한 글씨가 눈에 익은, 막불 아저씨의 글씨였다.

"어머!"

숙이는 자기도 모르게 소리를 빽 질렀다. 너무 반가웠던 것이다.

"막불 아저씨야?"

도훈이가 숙이 곁으로 다가왔다. 숙이는 서둘러 편지 봉투를 뜯었다. 낯익은 아저씨의 글씨가 눈에 들어왔다.

숙아, 도훈아!

그동안 잘 지냈어?

아저씨도 파키스탄에 잘 왔어. 비행기 타고 날아왔어.

집에 오니까 가족들이 있어서 참 좋아. 새 직장도 얻었어. 숙이 아버님이 여기 어떤 분을 소개해 줘서 겨우 직장을 얻었어. 너무 감사해.

아저씨 참 행복하게 지내고 있어.

그런데 자꾸만 숙이, 도훈이가 생각나. 한국에서 우리 가족들 생각난 것처럼 여기 오니까 이제는 숙이네 가족이 자꾸 생각나. 보고 싶어.

그동안 가족처럼 따뜻이 대해 줘서 정말 고마워.

다시 한국에 가면 꼭 찾아갈게.

혹시나 파키스탄 오게 되면 아저씨 만나러 와. 이사 안 가고 기다릴게.

그럼 건강하게 잘 지내. 안녕!

숙이, 도훈이, 사장님, 사모님 모두 사랑해.

-막불-

웬일인지 맞춤법이 하나도 틀리지 않았다.

"사전 보고 공부하면서 썼나 봐."

숙이는 너무나 반갑고 기분이 좋아 눈물이 줄줄 흘렀다.

"누나 왜 울어?"

도훈이가 누나를 물끄러미 바라봤다.

"사랑한다잖아, 아저씨가……."

숙이는 말끝을 흐리며 화장실로 달려갔다.

"사랑한다는데 왜 울어? 바보!"

도훈이가 화장실 문밖에서 소리쳤다. 숙이는 도훈이 말에 대꾸는 하지 않고 거울 앞에 섰다. 거울을 보고 있자니 아저씨가 더 생각났다. 이름을 부르며 달려가면 언제나 번쩍 들어 안아 주시던 아저씨, 맛난 게 생기면 가장 먼저 숙이에게 가져와 건네주던 아저씨, 등나무에 앉아 혼자 울고 있던 아저씨, 소풍 가서 함께 뛰놀던 아저씨, 경찰에 붙들려 가던 아저씨, 경찰차 뒷문으로 손을 흔들며 떠나갔던 아저씨…… 아저씨와 함께했던 시간들이 숙이의 머릿속에 파노라마처럼 스쳐 지나갔다.

자신을 잊지 않고 편지까지 써 준 막불 아저씨가 너무 고마웠다. 아저씨는 틈만 나면 고맙다는 말을 입에 달고 살았는데, 지금 생각해 보니 숙이가 아저씨한테 받은 것이 너무나 많았다. 고마워해야 할 사람은 바로 숙이 자신이었다.

숙이는 아저씨가 살고 있는 나라에 언제나 평화가 깃들어 아저씨 가족이 건강하고 행복하게 오래오래 살았으면 좋겠다고 생각했다. 그래야 언제가 되었든 다시 볼 수 있을 테니 말이다. 지진

같은 것도 더 이상 일어나지 않았으면 좋겠다고 생각했다. 그리
고 미국 같은 힘센 나라가 아저씨의 나라를 공격해서 죄 없는 국
민들이 다치는 일도 없었으면 좋겠다고 생각했다.

이슬람교의 성립과 믿음 체계

이슬람교의 경전 《코란(qur'ān, 원래는 '꾸르안'이라고 발음하는 것이 원칙)》은 20년에 걸쳐 알라(유일신)가 천사 가브리엘을 통해 마호메트(무함마드)에게 들려주었다는 계시를 훗날 사람들이 기억하여 기록한 경전으로 아랍어로 쓰여졌습니다. 경전의 이름이 '꾸르안'인 것은 첫마디가 '읽어라'이고 그 명사 꼴이 '꾸르안(읽기)'인 데서 연유합니다. 구성은 총 114장으로, 각 장의 길이는 긴 것은 286절(제2장), 짧은 것은 겨우 3절(제103장 등)로 이루어져 있습니다.

일상생활 모든 분야에 걸쳐 무슬림의 사고나 행동을 규제하는 《코란》의 내용은 크게 3가지로 나뉩니다.

첫째는 신조입니다. 거기에는 신에 대한 관념, 천지 창조, 아담과 이브의 창조와 낙원 추방, 인류 역사와 신의 인도, 인간의 불복종과 신에 의한 벌, 종말, 죽은 자의 부활과 심판, 천국과 지옥 등에 관한 계시가 있습니다.

둘째, 윤리입니다. 그것은 신에게 복종하는 구체적 형식을 법적 규범과 함께 밝힌 것입니다. 예를 들면 고아, 가난한 사람, 부랑자 등을 도와준다거나 부모를 공경하고 선행에 힘쓰며 부정을 바로잡는 일 등입니다. 그 밖에 예의범절도 여기에 포함됩니다.

셋째, 법적 규범입니다. 이것은 다시 2가지로 나뉘는데, 하나는 신에 대한 인간의 의무를 뜻하는 의례적 규범입니다. 예를 들면 목욕재계, 예배, 희사(어떤 목적을 위하여 기꺼이 돈이나 물건을 내놓음), 단식, 순례 등입니다. 다른 하나는 사람 사이에 서로 지켜야 할 법적 규범으로 혼인, 이혼, 부양, 상속, 매매, 형벌 등이 포함됩니다. 이들 한정된 규범을 기준으로 예언자의 언행록(하디스)에 의해 확대·보충하여, 무슬림의 모든 생활을 규제하는 이슬람법 샤리아(shari'a)가 성립되었습니다.

이슬람교에 대한 오해와 편견

'당신에게 평화가 있기를(앗쌀라무 알레이쿰)'이라는 이슬람 인사를 통해서 알 수 있듯이, 또한 마호메트의 핵심 사상이 평화임을 확인했듯이, '이슬람교는 본래 평화의 종교'라는 사실은 대부분의 종교학자들이 동의하는 부분입니다.

특히 '한 손에는 칼, 한 손에는 코란'으로 표현되는 이슬람의 초기 역사와 선교에 대해 '그들이 무력으로 자신들의 종교를 전파했다'고

주장하는 것은 이슬람교에 대한 몰이해 내지는 의도적 왜곡일 뿐 사실과는 매우 다릅니다.

'한 손에는 칼, 한 손에는 코란'이라는 구호의 의미는, 전투에 참여했던 전사들에게 이슬람 원로들이 당부했던 말로, '이슬람을 믿든지 칼에 죽든지 선택하라'는 뜻이 아니라, '어쩔 수 없이 칼을 들더라도 《코란》의 가르침을 잊지 말라. 《코란》을 잊고 검만 들게 되면, 너희는 짐승이 될 것이다'라는 의미였습니다.

또한 '성스런 전쟁'으로 번역되는 이슬람의 '지하드'가 뜻하는 것도 그 단어 안에 '싸운다'는 의미가 있기는 하지만, 그것은 자신의 욕망이나 나태함을 몰아내는 내적 싸움, 이웃 사랑을 실천하고자 하는 선한 싸움, 하나님의 뜻을 온전히 따르고자 하는 영적 싸움 등 모든 분야의 '선한 싸움'을 의미하는 것이지 편협한 종교적 이해관계에서 생겨난 개념이 결코 아닙니다.

이슬람의 평화관을 단적으로 보여 주는 《코란》의 구절들은 많이 있습니다.

악에 대한 보복은 악 그 자체와 같으니라. 적을 용서하고 평화를 구하는 자 그들은 하나님과 함께하는 보상을 누릴지니라. (《코란》 42:40)

이 구절은 이슬람이 평화주의적 태도를 중시하고 있다는 것을 잘 보여 주고 있습니다. 《코란》뿐만 아니라 하디스에서도 평화를 강조하는 구절들을 많이 찾아볼 수 있습니다.

오 인간들이여, 적과 조우할 경우에는 인내하고 천국이 칼날의 그늘에 있다는 것을 기억할지어다.

이 구절 역시 가급적 전쟁을 피하고 인내로써 평화를 구할 것을 주문하고 있습니다. 이렇게 볼 때 이슬람의 평화관은 맹목적 평화주의가 아니라 용서와 인내로써 전쟁의 가능성을 최소화하고 평화의 가능성을 최대화해야 한다는 현실적 평화주의인 것입니다.

에필로그

  비가 부슬부슬 내리고 있었다. 아빠 회사 창문에서 뛰어내렸던 키 작은 인도 아저씨가 퇴원하는 날이었다.

  무려 넉 달 동안이나 병원 신세를 져야 했던 아저씨는 크게 다치긴 했지만 다행히 경과가 좋아 그나마 일찍 퇴원할 수 있었다고 한다. 다른 아저씨들은 이미 경찰에 잡혀갔다가 막불 아저씨처럼 강제로 출국당한 지 오래였다.

  우리 가족은 퇴원하는 인도 아저씨를 만나러 병원에 갔다. 퇴원 수속을 마친 뒤 오후에는 인도로 가는 비행기를 탄다고 했다. 다리에는 목발을 짚고 팔에는 붕대를 둘둘 감고 있었다. 아직도 환자 같았다.

  "나머지 치료는 인도에 가서 해야 한대. 꽤 오랫동안 불편하실 거야."

  엄마가 귓속말로 말했다. 나랑 도훈이가 아저씨에게 인사를 하자 아저씨 눈에서도 굵은 눈물방울이 뚝뚝 떨어졌다. 비까지 내리니 마음이 더욱 착잡했다.

"그동안 고마웠어요. 안녕히 계세요."

아저씨가 희미한 미소를 띤 채 말했다.

"안녕히 가세요."

"부디 건강하세요."

서로 인사를 마치고 난 뒤 아빠는 아저씨를 차에 태우고 인천공항으로 갔다. 엄마와 나, 도훈이는 먼저 집으로 돌아왔다. 빗줄기가 점점 거세어지고 있었다. 돌아오는 발걸음이 가볍지만은 않았다.

"그래도 아빠 같은 사장 만나서 저 아저씨들은 덜 고생한 거야. 아직도 우리나라에는 악덕 업주들이 많아서 외국인 노동자들이 많이 힘들어하고 있어. 월급도 제때 안 주고, 일부러 경찰에 불법 체류자라고 몰래 신고하는 사람도 있단다. 우리나라도 예전엔 아빠처럼 외국에 나가서 일한 사람들이 많았는데…… 개구리 올챙이 적 생각을 해야지 말이야. 조금 잘살게 됐다고 가난한 나라에서 온 외국인들을 그렇게 무시하고 천대하면 안 되는 거야. 우린 모두 똑같은 사람이잖니."

엄마가 열변을 토하면서 걸음을 재촉하셨다. 나는 고개를 끄덕끄덕했다. 도훈이도 우산을 빙글빙글 돌리며 장난치다가 커다란 눈망울을 굴려 가며 열심히 들었다.

"엄마, 연주랑 정이랑 이슬람 사원에 갈래요. 가서 목사님도 뵙고 외국인 아저씨 무서워하는 정이에게 그분들도 좋은 분들이라는 걸 알려 주고 싶어요."

"그래, 언제 한번 엄마도 같이 가 볼까? 아빠 공장에서 차도르 하나씩 입고 한번 가 보자꾸나. 하하하!"

엄마가 웃으며 농담 삼아 말했다.

"나도, 나도!"

도훈이도 덩달아 신이 나서 말했다.

"야! 그건 여자들이 입는 거야. 꿀돼지야, 메롱!"

내가 도훈이를 놀리며 앞서 달려가자 도훈이가 잔뜩 약이 올라 징징 거리며 따라왔다. 빗물에 풍덩풍덩 발이 빠졌다.

"야, 신발 다 젖었잖아!"

"누나가 먼저 그랬잖아."

우리는 이왕 버린 신발, 더욱더 빗물에 첨벙거리며 빗속을 뛰어갔다. 안산 공장 지대의 하늘을 짙게 드리운 먹구름이 바람에 실려 어디론가 흘러가고 있었다.

"내일은 해가 나겠네."

엄마가 뒤따라오며 흥얼거리듯 말하는 소리가 귓가에 맴돌았다.

01 마호메트는 어떤 인물이며 그의 핵심 사상은 무엇인지 근거를 들어 설명해 보세요.

02 마호메트가 이룬 이슬람교를 '마호메트교' 혹은 '회교'라고 불러도 될까요? 그렇게 부르는 것이 부당하다고 생각한다면 그 이유를 설명해 보세요.

03 이슬람교의 성립 배경에 대해 정리해 보세요.

04 이슬람교의 경전과 교리에 대해 간단히 설명해 보세요.

05 평화의 종교인 이슬람교가 폭력과 전쟁을 허용한다는 오해를 받는 가장 큰 이유 중 하나는 '지하드'의 상징적 표어에 있는데요, 구호는 '한 손에는 코란, 한 손에는 칼'입니다. 이 구호에 대한 바른 해석을 해 보세요.

06 이슬람 사회가 일부다처제인 이유와 돼지고기를 금하는 이유에 대해 설명해 보세요.

통합형 논술
문제풀이

01 마호메트는 570년 경에 우상 숭배와 부패 향락에 깊이 물든, 이슬람교의 성지 메카에서 유복자로 태어났습니다. 그의 이름 'Muhammad'는 '현세와 내세에서 찬양·찬미를 받을 자'란 뜻을 담고 있습니다. 그는 41세가 된 610년부터 신의 계시를 받아 당시 우상 숭배의 풍습을 타파하고 유일신 알라만을 믿고 따르는 이슬람교를 이끈 '최후의 예언자'입니다.

그의 핵심 사상과 궁극적 목표는 유일신을 따름으로써 얻는 평화인 '성스러운 평화'로 그 실천적 바탕은 '형제애와 평등 사상'입니다. 이는 유일신 알라에 절대복종함으로써 평화에 이른다는 뜻이 고스란히 담긴 이름 '이슬람'에서도 알 수 있습니다. 또한 마호메트가 부족 간 분쟁을 조정하고 공정한 중재를 통해 평화를 회복시키는 과정에서는 그의 평화 사상과 형제애에 대한 실천 정신까지 확인할 수 있습니다. 더욱이 신의 아들인 기독교의 예수와 달리 어디까지나 사람과 같은 인간의 정체성을 지녔다는 점에서 마호메트 자신도 다른 무슬림과 같은 형제라는 사실을 강조합니다.

02 흔히 이슬람교를 '마호메트교' 또는 '회교(回敎)'라고도 하는데, 둘 다 부적절한 표현입니다. 이슬람교도인 무슬림은 마호메트(무함마드)를 존경하고 따르기는 할지언정 신앙의 대상으로 삼고 믿는 것은 아니기 때문에, 예수를 믿는 예수교 혹은 기독교와는 달리, 마호메트교라는 말은 부적절합니다. 이슬람교 신앙의 유일한 대상은 오직 알라(Allah)뿐입니다. 또 회교라는 말은 중국 서부 지역에 살고 있는 위구르족, 즉 회회족이 믿는 종교라고 하여 붙여진 이름이기 때문에 이 표현 역시 적절하지 않습니다.

03 아랍 사람들은 전통적으로 사막이라는 열악한 환경에서 힘겹고 가난하게 살지언정 부족 단위로 종교를 갖고 환경적 공포를 이기며 평화롭게 살았습니다. 그런데 6세기에 주변의 정세 변화로 페르시아와 비잔틴 제국 사이에

긴 아라비아의 메카가 크게 번성하면서 자연히 여러 부족들이 몰려들었고, 각자의 종교와 우상들을 믿는 다신교적 환경이 조성되었습니다. 그리고 소수 지배 부족 가운데는 우상 숭배를 교묘히 이용해 불평등한 억압과 횡포를 부리는 자들이 있었습니다. 이에 대한 마호메트의 반성이 종교적으로는 유일신 사상으로, 정치적으로는 형제애에 바탕을 둔 평등사상으로 나타나게 됩니다. 그 실현으로 세우고자 한 것이 '움마'라는 거대 이슬람 공동체인데, 부족 단위 시절의 형제애에 바탕을 둔 공동체적 평화를 여러 부족 간에도 고스란히 유지하고자 했습니다.

유일신 알라를 믿는 이슬람교가 성립된 원년은 마호메트가 메카에서의 박해를 피해 메디나로 이동한 날인 622년 9월 24일입니다. 이 이동을 '헤지라(성스러운 이동)'라고 부릅니다. 이후 세 번에 걸쳐 주요 전투를 치르고 다시 메카에 무혈입성하는 성과를 올리면서 이슬람교는 모든 부족의 공동체인 '움마'를 이룬 종교가 되었습니다.

04 이슬람교의 경전은 《코란》입니다. 《코란》은 20년에 걸쳐 알라(유일신)가 천사 가브리엘을 통해 마호메트(무함마드)에게 들려주었다는 계시를 훗날 사람들이 기억하여 기록한 것입니다.

교리는 크게 믿음과 실천이라는 두 분야로 나눠 볼 수 있습니다. 믿음은 여섯 가지로, '알라는 유일한 하나님' '천사는 하나님과 인간의 중개자' '코란은 최후의 완결된 경전' '최후의 예언자는 마호메트' '최후의 심판이 있을 것', 그리고 '모든 것은 하나님의 뜻에 따라 이루어진다'는 정명(定命)에 대한 믿음을 말합니다. 실천은 다섯 가지 의무로, 신앙 고백, 예배 기도, 금식, 자선, 성지 순례입니다. 이들 중 가장 중요한 의무는 '알라(하나님) 외에는 신이 없고, 마호메트는 하나님의 뜻을 전달하는 사람이다'라는 신앙 고백입니다. 이를 고백함으로써 어떠한 우상 숭배도 금한다는 것을 말하며, 동시에 그 어떤 인간도 신의 자리를 대신하지 못한다는 것을 의미합니다. 마호메트를 하나님의 사자로 고백하는 것은 그를 통해 계시된 것을 하나님의 뜻으로 받아들이는

것을 의미합니다.

개념이 결코 아닙니다.

05 '한 손에는 칼, 한 손에는 코란'으로 표현되는 이슬람의 초기 역사와 선교에 대해 '그들이 무력으로 자신들의 종교를 전파했다'고 주장하는 것은 이슬람교에 대한 몰이해 내지는 의도적 왜곡일 뿐 사실과는 매우 다릅니다. 구호의 의미는, 전투에 참여하는 전사들에게 이슬람 원로들이 당부했던 것으로, '이슬람을 믿든지 칼에 죽든지 선택하라'는 뜻이 아니라, '어쩔 수 없이 칼을 들더라도 《코란》의 가르침을 잊지 말라. 《코란》을 잊고 칼만 들게 되면, 너희는 짐승이 될 것이다'라는 의미였습니다. 또한 '성스런 전쟁'으로 번역되는 이슬람의 '지하드'가 뜻하는 것도 그 단어 안에 '싸운다'는 의미가 있기는 하지만, 그것은 자신의 욕망이나 나태함을 몰아내는 내적 싸움, 이웃 사랑을 실천하고자 하는 선한 싸움, 하나님의 뜻을 온전히 따르고자 하는 영적 싸움 등 모든 분야의 '선한 싸움'을 의미하는 것이지 편협한 이해 다툼에서 생겨난

06 **이슬람 사회가 일부다처제인 이유는?**

이슬람 초기 사회에, 여러 전투에서 많은 남성들이 사망하면서 생긴 과부들과 그 자손들은 사회적 골칫거리가 되었습니다. 그들을 구제할 수 있는 효과적인 방도 중 하나는 한 남자가 여러 아내를 맞아들이는 것이었습니다. 특히 이슬람이 등장하기 전 아랍 세계의 여성 지위는 단지 재산의 일부로 취급되어 산 채로 매장되거나 죽임을 당하기까지 했습니다. 그러나 《코란》의 계시에 따라 성립된 이슬람교는 이런 관습이 서서히 사라지도록 하는 데 기여했습니다. 한편 여러 부인을 거느린 사람에게는 철저한 조건이 뒤따랐는데, 여러 아내를 공평하게 대해야 하는 공동 거주, 공평 부양, 공평 상속 등을 지켜야 했습니다. 따라서 이슬람의 일부다처제는 그들 환경에 맞는 사회 복지 장치였습니다. 과거에 비해 상황이 많이 바뀐 현재는 이 제도를 인정하는 국가라 하더라도

현실적으로 여러 명의 부인을 두는 경우는 많지 않습니다.

이슬람에서 돼지고기 먹는 것을 금지하는 이유는?

이슬람교의 경전 《코란》은 '믿는 자들이여, 알라께서 너희에게 부여한 음식 중 좋은 것을 먹되 하나님께 감사하라. 죽은 고기와 피와 돼지고기를 먹지 말라. 그러나 고의가 아니고 어쩔 수 없이 먹는 경우는 죄악이 아니니라'라고 말하고 있지요. 《코란》은 또 먹을 수 없는 고기에 대해 구체적으로 언급하고 있는데 그중에는 목졸라 죽인 것, 때려잡은 것, 우상에 제물로 바쳤던 것 등이 포함되어 있습니다. 돼지고기는 《코란》에서 먹지 말라고 금하는 것들 가운데 대표적인 음식인 것입니다. 따라서 무슬림은 《코란》에 따라야 하기 때문에 돼지고기를 먹지 않는다는 것이 가장 명료한 답입니다. 그러면 《코란》은 왜 다른 동물과는 달리 돼지고기에 관해서만 특별히 거명해 금지했는가 하는 의문이 남습니다. 그 이유는 사막이 대부분인 아랍 지역에서는 특히 돼지고기가 부

패하기 쉬워서 '알라께서 부여한 음식 중 좋은 것이 못되기 때문'이라고 할 수 있습니다. 이 점 역시 그들의 독특한 환경과 문화에서 비롯된 것입니다. 하지만 그들은 그 이유 역시 '알라만 알고 계신다'고 대답합니다.